Sridhar Seshadri

Negócio eletrónico, modelos, segurança e aplicações

Sridhar Seshadri

Negócio eletrónico, modelos, segurança e aplicações

ScienciaScripts

Imprint

Cover image: www.ingimage.com

This book is a translation from the original published under ISBN 978-620-2-19967-4.

Publisher:
Sciencia Scripts
is a trademark of
Dodo Books Indian Ocean Ltd. and OmniScriptum S.R.L publishing group

120 High Road, East Finchley, London, N2 9ED, United Kingdom
Str. Armeneasca 28/1, office 1, Chisinau MD-2012, Republic of Moldova, Europe
Printed at: see last page
ISBN: 978-620-8-06858-5

Índice

Destaques deste livro

O comércio eletrónico é a metodologia empresarial moderna para responder às necessidades das organizações, comerciantes e empresas no sentido de reduzir os custos e fazer o seguinte: - Melhorar a qualidade/serviços/velocidade de entrega; mais frequentemente associado à compra e venda de informações, produtos e serviços através de redes informáticas; EDI - Electronic Data Interchange; forma mais recente e fiável de efetuar transacções electrónicas através da comunicação entre computadores combinada com (JIT); métodos de fabrico just in time; EDI e correio eletrónico utilizados há muitos anos. O negócio eletrónico baseia-se em tecnologias como o negócio móvel, a transferência eletrónica de fundos, a gestão da cadeia de abastecimento, o marketing na Internet, o processamento de transacções em linha, o intercâmbio eletrónico de dados (EDI), os sistemas de gestão de inventário e os sistemas automatizados de recolha de dados.

Sobre o autor

O Dr. S. Sridhar foi Professor e Diretor de RV Cognitive & Central Computing, R V College of Engineering, Bangalore, Índia. Homenageado por organismos internacionais/nacionais com escudos de ouro e certificados por contribuições notáveis nos domínios das tecnologias da informação, educação, investigação e consultoria, com experiência comprovada em 42 projectos MNC de H/W e S/W no aeroporto internacional de Sharjah e 30 projectos de I&D para ONGC, como as indústrias petrolíferas. Publicou 168 artigos em revistas internacionais / nacionais com as mais altas citações do Google Scholar. Produziu 20 doutoramentos em várias universidades como supervisor. Desenvolveu faculdades de engenharia ao nível das universidades com um processo de implementação de qualidade. Actuou como Examinador Chefe / Presidente de muitas Universidades como NAU, EUA / AGU Dubai / Skyline University, UAE / BITS-Dubai / MaheDubai. Organizou muitas conferências internacionais / workshops como Presidente Técnico e Editor Chefe. Autor de 2 livros (Adv Distributed DBMS e outro sobre Datamining) em conjunto com autores canadianos para a Pearson Publications. Recebeu escudos de ouro do Aeroporto de Sharjah, EAU, 3 vezes como Melhor Diretor e prémios nacionais na Índia por contribuições notáveis. O Governo de Tamil Nadu, na Índia, distinguiu-o com o prémio de melhor académico. Selecionado três vezes como Melhor Profissional de TI pelo comité dos EUA e incluído na lista www.whoiswho-online.com.More. Detalhes em http://drsridhar.tripod.com

Dedicado a

A minha mãe Smt.Vijayalakshmi e o meu pai Sri.V,Seshadri

Agradecimentos

O autor agradece a todos os que, direta ou indiretamente, contribuíram para a elaboração deste livro com interesse puramente académico, de modo a que seja conveniente para os estudantes adquirirem conhecimentos básicos sobre a tecnologia do comércio eletrónico, motivando-os assim para uma leitura mais aprofundada.

Capítulo 1 INTRODUÇÃO

O NEGÓCIO ELECTRÓNICO é a metodologia empresarial moderna para responder às necessidades das organizações, dos comerciantes e das empresas no sentido de reduzir os custos e fazer o seguinte: - Melhorar a qualidade/serviços/velocidade de entrega; mais comummente associado à compra e venda de informações, produtos e serviços através de redes informáticas; EDI - Electronic Data Interchange; forma mais recente e fiável de efetuar transacções electrónicas através da comunicação entre computadores combinada com (JIT); métodos de fabrico just in time; EDI e correio eletrónico utilizados há muitos anos. O comércio eletrónico baseia-se em tecnologias como o comércio móvel, a transferência eletrónica de fundos, a gestão da cadeia de abastecimento, o marketing na Internet, o processamento de transacções em linha, o intercâmbio eletrónico de dados (EDI), os sistemas de gestão de inventário e os sistemas automatizados de recolha de dados. O comércio eletrónico moderno utiliza normalmente a World Wide Web para, pelo menos, uma parte do ciclo de vida da transação, embora possa também utilizar outras tecnologias, como o correio eletrónico.

1.1 ACTIVIDADE DE PROCESSAMENTO DE INFORMAÇÃO

A forma de transação é a seguinte

- transporte entre computador e consumidor através de redes públicas
- compras em casa
- bancos para segurança e dinheiro/crédito eletrónico, etc.
- parceiros comerciais
- estudo de mercado
- tomada de decisões de gestão
- resolução de problemas de organização
- gestão das operações e da cadeia de abastecimento

- interação publicidade / vendas / marketing

Atualmente, a super autoestrada da Internet (I-way) permite transformar a tecnologia de transporte de informação em aplicações de comércio eletrónico.

1.2 QUADRO GENÉRICO PARA O COMÉRCIO ELECTRÓNICO

Aplicações E-Business

> Gestão da cadeia de abastecimento

> vídeo a pedido

> Banca à distância

> Aquisições e compras

> marketing e publicidade em linha

> compras em casa

Infraestrutura empresarial comum

Segurança / autenticação / pagamento eletrónico / diretórios / catálogos

Distribuição **de mensagens e informações** - infra-estruturas

Distribuição de **conteúdos** e informações **multimédia** - infra-estruturas

Infra-estruturas **da autoestrada da informação** (telecomunicações, televisão por cabo, comunicações sem fios, Internet)

Capítulo 2 ELEMENTOS DAS APLICAÇÕES DE NEGÓCIOS ELECTRÓNICOS

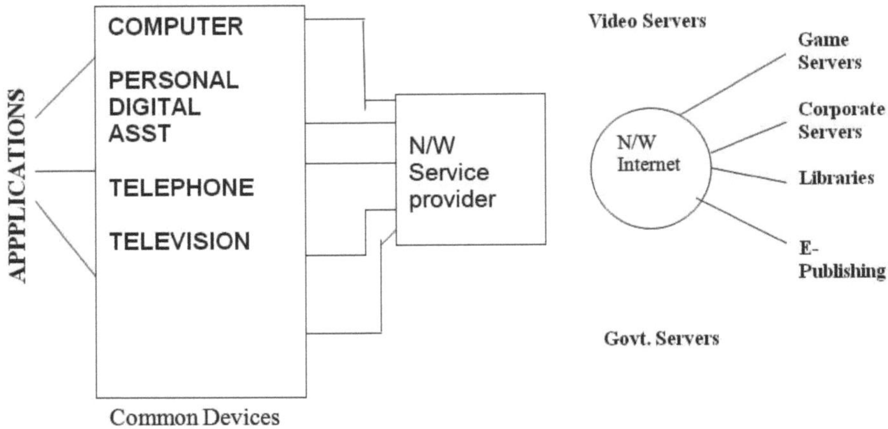

COMPONENTS OF MULTIMEDIA

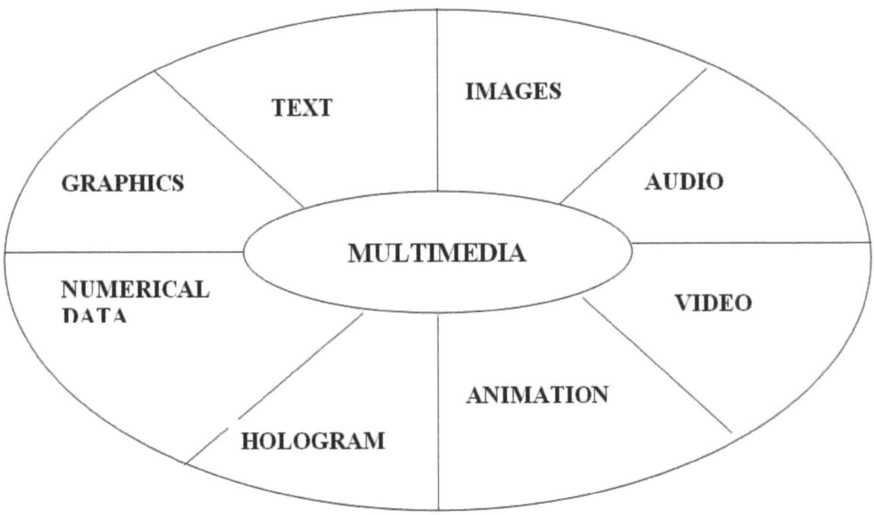

2.1 INFORMAÇÃO GLOBAL, N/W DE LONGA DISTÂNCIA

Está disponível através de cabo coaxial ou de fibra, propriedade de um operador de intercâmbio (IxCs) com as seguintes facilidades: -

- Possibilidade de transmissão internacional

Por exemplo, a atual capacidade em grande escala das ligações de fibra ótica entre os EUA e a Europa (TAT-8) para funcionar a uma velocidade de gigabit

- Serviços prestados pela At & T, MCI, Sprint, wiltel, etc.
- Existem mais de 475 transportadoras mais pequenas
- Velocidade / eficiência / níveis de tecnologia / custo uniformes dos serviços de telecomunicações para serviços de voz e dados
- A AT & T tem uma boa presença no mercado das comunicações sem fios, bem como acesso local aos clientes

2.2 REDE DE SATÉLITES

Inicialmente, é utilizada para o transporte de telecomunicações de longa distância e transmissões de vídeo num só sentido. A fibra ótica alterou o papel dos satélites no sector das comunicações globais. A fibra ótica é a escolha preferida, uma vez que proporciona uma largura de banda superior à dos satélites. Além disso, são válidas as seguintes afirmações :-

- Satélite - acessível a partir de qualquer ponto do globo.
- Pode fornecer serviços digitais de banda larga, incluindo voz, dados e vídeo.
- Mais de 150 satélites de comunicação estão a fornecer uma vasta gama de serviços.
- Os satélites de órbita crónica Geosyn (GEO) são colocados numa órbita circular elevada a 22.300 milhas acima do equador.
- Os satélites GEO rodam com a Terra e parecem estar estacionários.
- Utilizado para emitir um feixe largo para assegurar a cobertura de uma vasta área.

- Mortorola's / Microsoft & Mcaw cellular- fornecem infra-estruturas básicas para transmitir dados / voz praticamente em qualquer parte do mundo.

- O próximo satélite VSAT (terminal de abertura muito pequena) utiliza pequenas antenas terrestres para fornecer serviços N/W ponto a ponto com baixa taxa de dados. Este serviço está a aumentar de dia para dia nos mercados retalhistas.

2.3 I-WAY

As aplicações de comércio eletrónico dependem do I-way. No caso da televisão por cabo, as aplicações interactivas bidireccionais não são possíveis. No entanto, no caso da I-way, é possível publicar informações de pequenas empresas utilizando ferramentas como a www (world wide web). As possibilidades são as seguintes: -

J Publicar informações através da criação de servidores em linha.

J Consumidores/utilizadores finais ou empresas que pagam para obter informações sobre produtos/serviços.

J Serviços de informação para o comércio/governo/empresas públicas. Para bens / serviços.

J Fornecimento de informações de valor acrescentado, etc.

J Componentes da infraestrutura de informação super I-way

Equipamentos de acesso à rede: equipamentos para consumidores / empresas

Rampas de acesso locais : Infraestrutura de telecomunicações, infraestrutura de televisão por cabo, infraestrutura sem fios, infraestrutura comercial em linha

Distribuição global da informação - N/W : Comunicações de backbone e satélite N/W

2.4 TEMINOLOGIA DA INTERNET

LAN :- Rede de Área Local

- Cujo raio de ação se limita a um edifício
- Utilizadores limitados de 50 a 1000

MAN :- Rede de Área Metropolitana

- A área de cobertura é de até 100 milhas quadradas
- Conectar 1000 - 10000 sistemas

WAN :- Rede de área alargada

- Cobre uma grande distância geográfica

TCP/IP : - Protocolo de Controlo de Transporte / Protocolo Internet

- Idioma do computador anfitrião na Internet académica
- Na Internet comercial, os computadores anfitriões falam uma variedade de linguagens para além do TCP/IP

Exemplo: Compuserve, Prodigy, American Online, Fido Net, Apple Link, Minnitel, UUCP.

- A rede académica é constituída por redes governamentais, redes regionais, redes de campus e algumas redes internacionais
- A Internet para empresas consiste em serviços em linha, rede de valor

acrescentado e outros serviços exclusivamente de correio eletrónico.

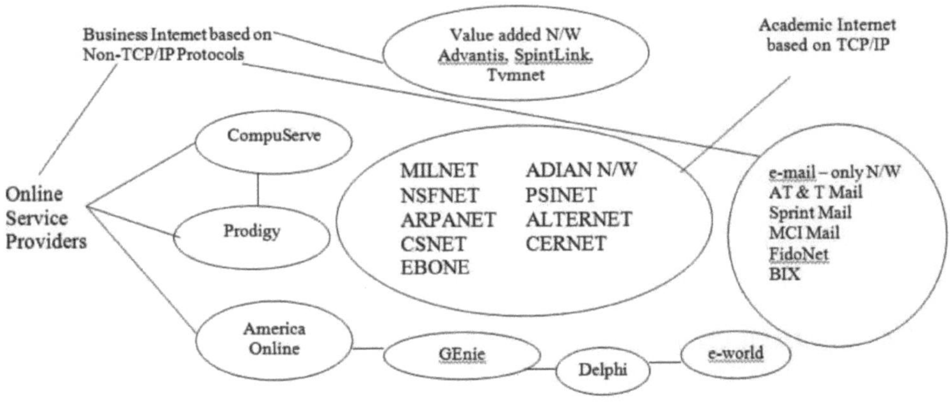

2.5 REDES QUE CONSTITUEM A INTERNET

A Internet das empresas aceita o TCP/IP como protocolo normalizado nas suas próprias redes, permitindo assim uma ligação sem problemas com a Internet académica.

SERVIÇOS DE DOMÍNIO / PROTOCOLOS DE SERVIÇOS WEB

- Navegador do cliente
- Servidor WWW Funções
- Serviços de terceiros

o Biblioteca digital de documentos / Servidor de dados

o Ferramentas/serviços de processamento de informações de terceiros

o Servidores de pagamentos electrónicos

Conceitos essenciais na Web

URL : Localizador uniforme de recursos (esquema de endereços)

HTTP: Protocolo de rede - Protocolo de transferência de hipertexto

HTML: Linguagem de marcação que representa documentos de hipertexto que contêm caixas de listagem e gráficos.

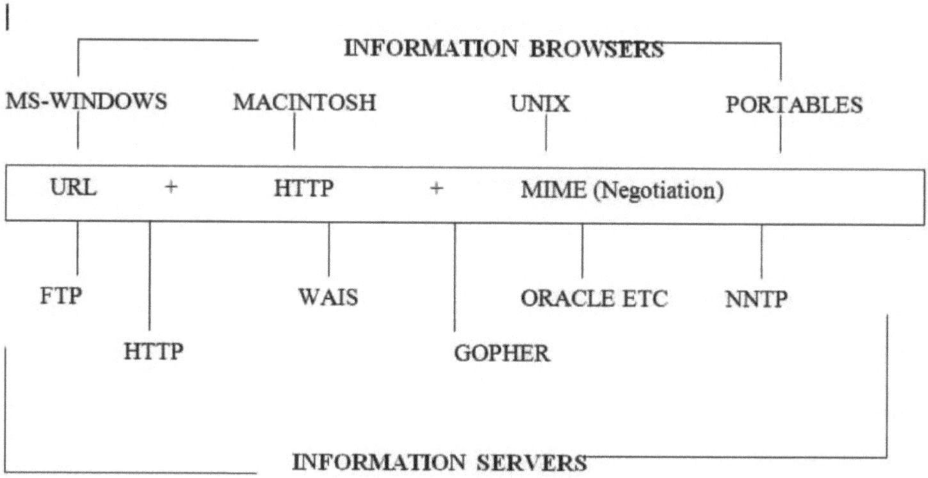

SERVIDOR CLIENTE DA WEB

Veja o formato do URL:

HTTP :http://server.address:port/homepage.html

(Eg) http://www.arunai.org

Ou http://arunai.org

(por exemplo) http://drsridhar.tripod.com/drssper.html

Gateway CGI

Um script CGT é um programa que negoceia o movimento de dados entre o servidor Web e uma aplicação externa

Considerar um simples pedido de compra

Nome do produto : T-SHIRT RAYMOND

Quantidade de encomenda : 10

O 2 5^{00} APRESENTAR

Código Html:

<form method="post" action = "/cgi-bin/purchase.cgi">

Nome do produto: <input name="product_name" value = "RAYMOND T-SHIRT"><p>

Quantidade da encomenda: <input name="order qty" value="10"> <p>

<input type = "checkbox "name="year" checked>2005

<input type = "submit" value ="submit"<p>

- A consulta de URL é como

http://server/cgi-bin/purchase.cgi?

Nome_do_produto="RAYMONDSHIRT+order_qty=10 & year=on

- Todos os programas que utilizam os dados HTML devem estar em conformidade com a especificação denominada Common Gateway Interface (CGT)

- Os guiões CGT são normalmente escritos em linguagem de alto nível

linguagens como C, Perl.

Capítulo 3 APLICAÇÕES INTERNET E PROGRAMAS DE UTILIDADE

Atualmente, a interface ATM é parte integrante da estratégia de comunicação e de mercado dos bancos.

3.1 REDEATM

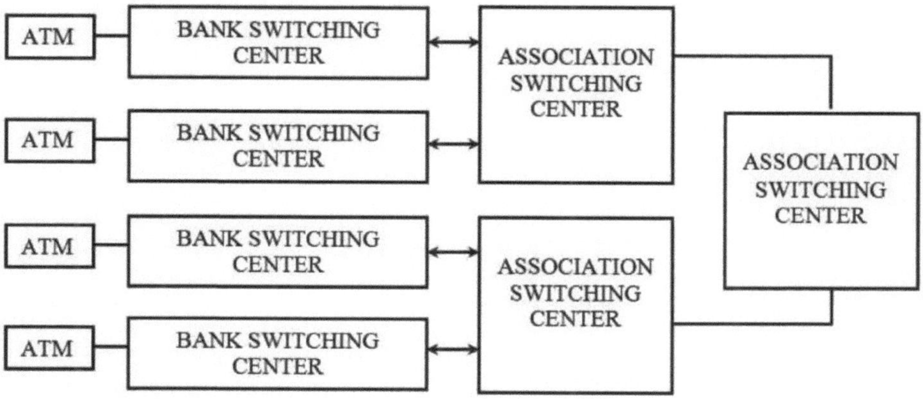

ENTRETENIMENTO:-Filmes a pedido, catalogação de vídeos, anúncios interactivos, jogos para vários utilizadores, debate em linha

SERVIÇOS FINANCEIROS:-Banco doméstico, Serviços financeiros, Notícias financeiras

SERVIÇOS ESSENCIAIS:- Compras ao domicílio, catálogos electrónicos, telemedicina, diagnóstico à distância

EDUCAÇÃO E FORMAÇÃO:- Educação interactiva, jogos multi-utilizadores, videoconferência, bases de dados em linha

3.2 PROCESSO DE CONTROLO - APURAMENTO

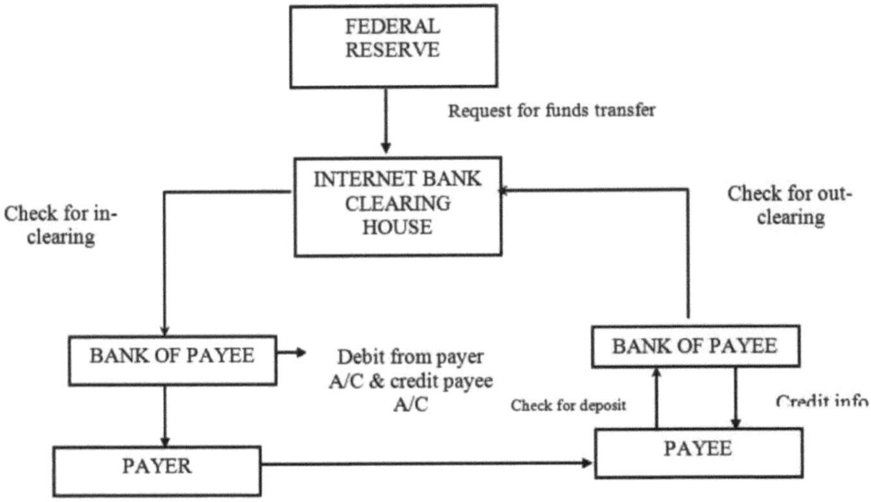

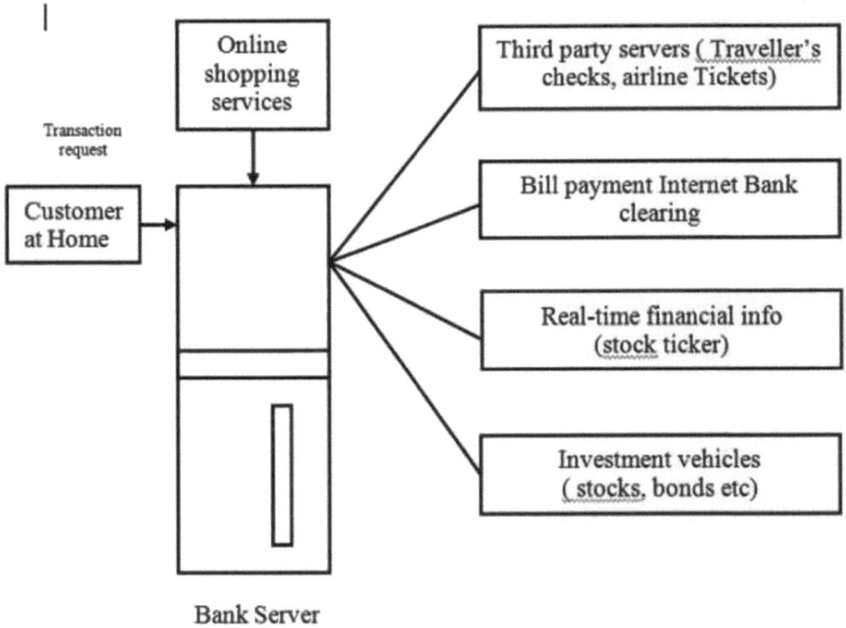

3.3 SERVIÇOS AVANÇADOS E HOME BANKING

ciclo de gestão de encomendas no comércio eletrónico

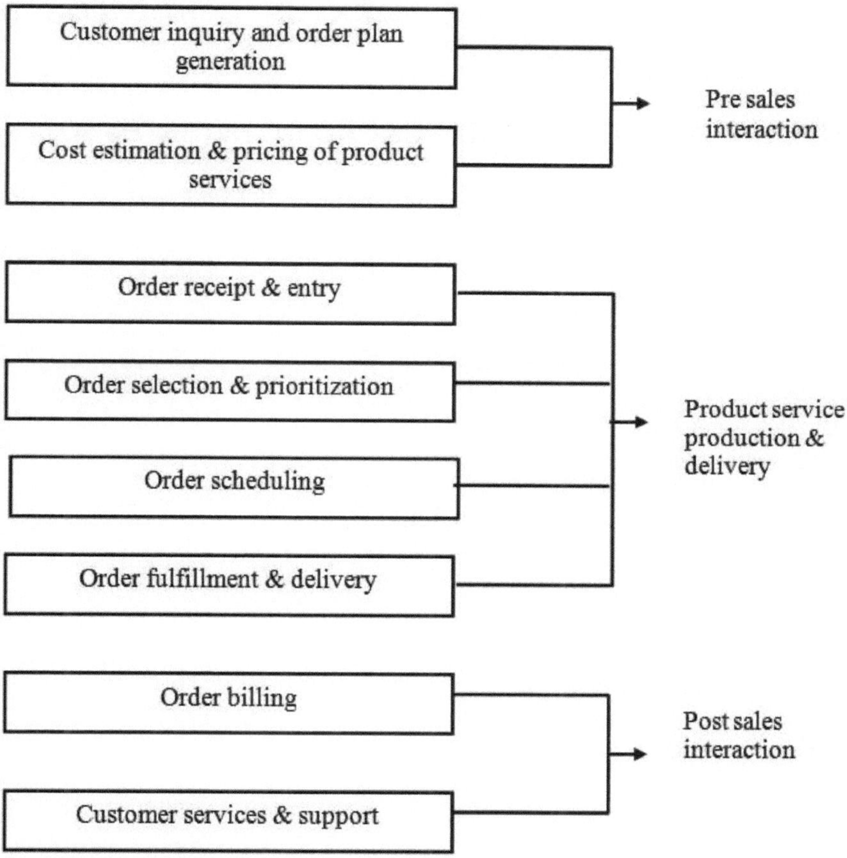
Customer inquiry and order plan generation
Cost estimation & pricing of product services
Pre sales interaction
Order receipt & entry
Order selection & prioritization
Order scheduling
Order fulfillment & delivery
Product service production & delivery
Order billing
Customer services & support
Post sales interaction

Capítulo 4 LINGUAGENS DE MARK UP E MODELOS DE NEGÓCIOS ELECTRÓNICOS

4.1 HTML- LINGUAGEM DE MARCAÇÃO DE HIPERTEXTO

- No coração da Web, é uma linguagem simples de descrição de páginas
- Baseado em SGML (Standard Generalized Markup Language) documento eletrónico internacional
- Poderosas capacidades de ligação
- Suficientemente simples para que as pessoas possam produzir facilmente e gerada automaticamente pelo programa
- É possível dominá-lo em poucas horas

WEBCLIENTES

GET/docs/

Protegido.html HTTP/ 1.0

Agente do utilizador: Mosaico / X2.5

SERVIDORES

HTTP://0.401

Autenticação web não autorizada: PEM

Entity=webmaster@cism.bus.utexas.edu

Servidor: NCAS/1.1

4.2 MODELOS DE COMÉRCIO ELECTRÓNICO

O cliente em linha espera

- Qualidade
- Conveniência
- Valor

- Preço baixo e controlo

Por conseguinte, é necessário um modelo de processo empresarial do ponto de vista comercial

BUSINESS PROCESS MODEL (CONSUMER'S PRESPECTIVE)

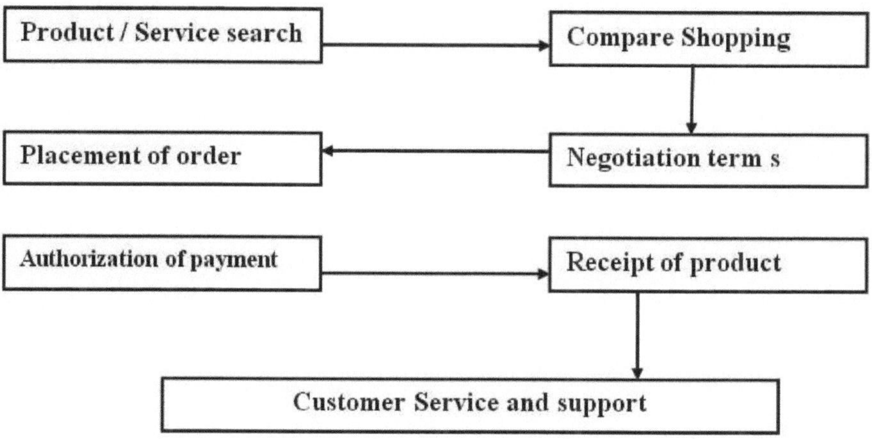

4.3 Modelo simplificado de comércio em linha

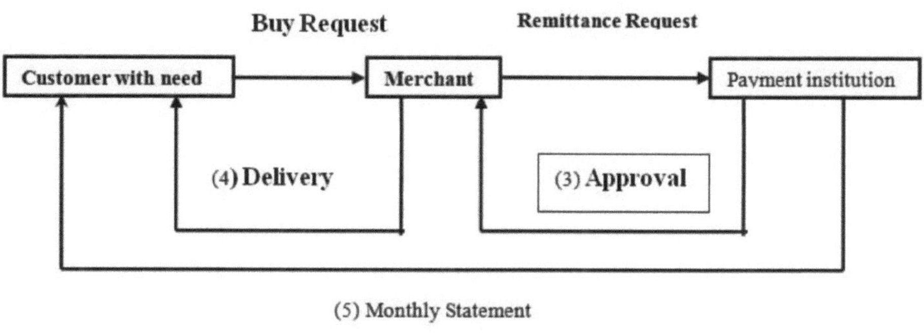

4.4 Modelo Mercantil

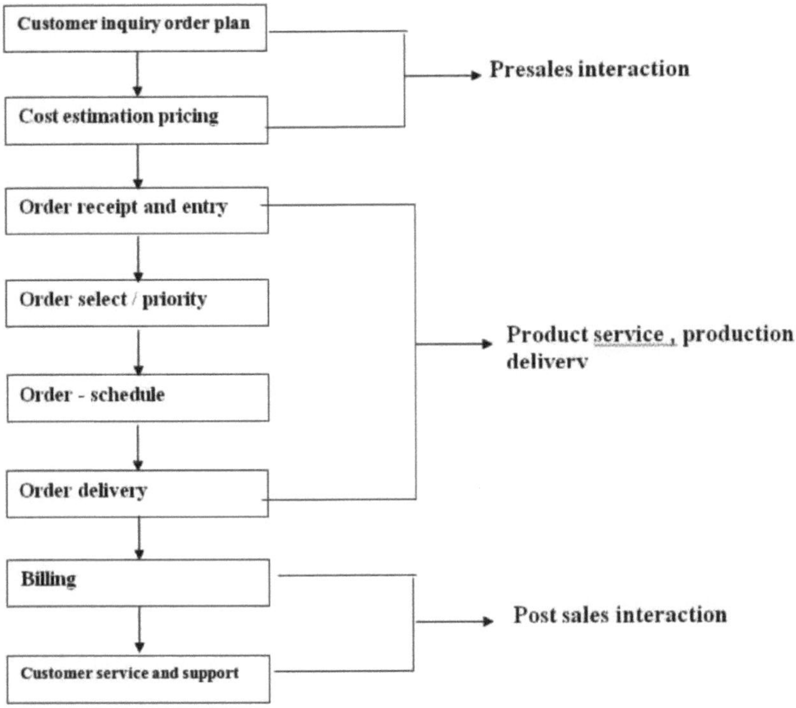

Tecnologia de cartões de compras

- Cartões inteligentes, carteiras electrónicas, cartões de débito
- Leitores de cartões inteligentes, telemóveis inteligentes
- Crédito descontado, Cartões de crédito online

4.5 Processamento de pagamentos com cartões de crédito encriptados

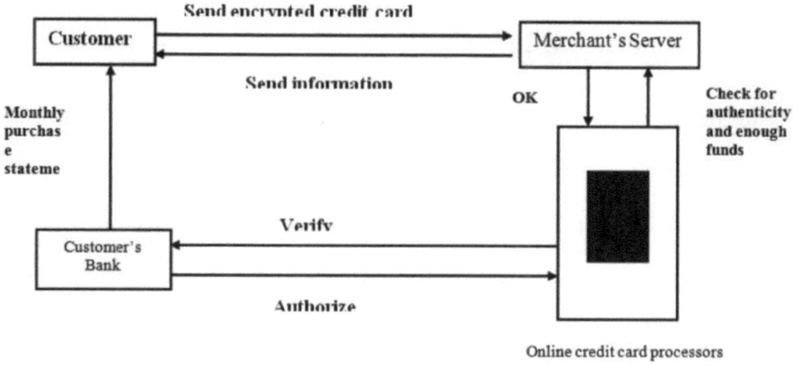

4.6 Processo de pagamento em linha utilizando um processador de terceiros

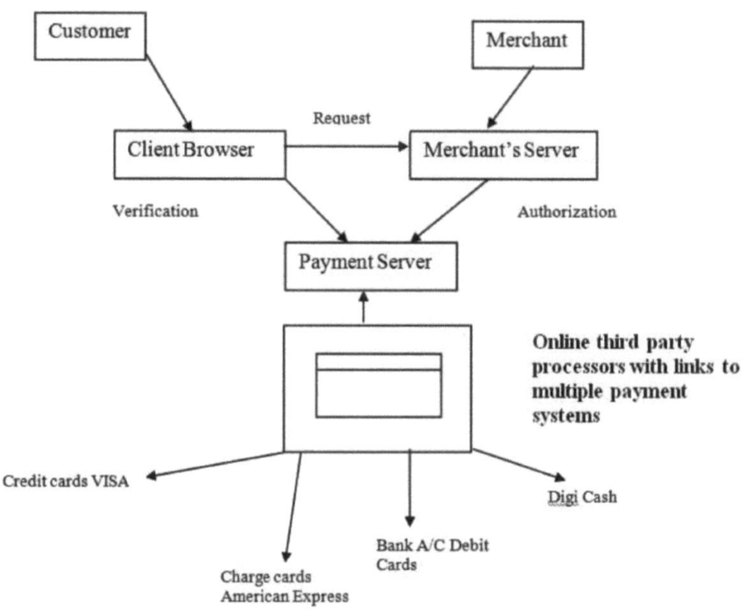

Capítulo 5 MARKETING EM AMBIENTES DE NEGÓCIOS ELECTRÓNICOS

5.1 Estratégia de marketing - público-alvo (serviço e todas as informações relevantes)

Ativar a tecnologia - Servidores de informação, browsers de clientes, bulletin boards, agentes de software

Autores de materiais de marketing - empresas e consumidores

Resultados esperados de uma implementação bem sucedida - Dados para análise, relações com os clientes

Marketing baseado na informação

1. pesquisa de mercado e prospeção de clientes
2. presença no mercado
3. agregação de produtos ou serviços
4. preços e prioridade
5. marketing direcionado e micro marketing
6. publicidade na internet
7. publicidade em linha
8. modelo de cartaz e ou www (sem pesquisa ativa)

Processo de marketing interativo na Internet:

Etapa 1: segmentar para identificar potenciais clientes

Etapa 2: Criar material promocional, publicitário e didático

(página www- com efeitos multimédia)

Passo 3: Colocar o material no ecrã do computador dos clientes

Marketing baseado em push - grupos de utilizadores, correio eletrónico

Pull - based marketing - páginas www

Etapa 4: Interação com os clientes Diálogo com as perguntas/respostas dos clientes

Etapa 5: Aprender com os clientes Incorporar o feedback Identificar novos mercados

Etapa 6: Serviço de apoio ao cliente em linha

Estudos de mercado:

- Coleção de dados
- Organização de dados
- DadosAnálise e análise de sentido

5.2 SISTEMAS DE PAGAMENTO DO MUNDO REAL

1985 - Intercâmbio eletrónico de dados (EDI) amplamente utilizado nos sistemas de pagamento entre bancos

1994 - Testes de dinheiro digital efectuados em linha pela Digicash da Holanda

1995 - Início dos ensaios da moeda eletrónica Mondex em Swindon, Inglaterra

EFT - (Transferência eletrónica de fundos)

Sistemas bancários e financeiros

Exemplos

- transferência bancária para banco
- caixas automáticas
- home banking

Pagamentos de retalho

Exemplos

- Cartões de crédito

Pagamentos electrónicos em linha para empresas

Exemplos

- Dinheiro Digi
- Cheque líquido
- Cartões inteligentes / cartões de débito

5.3 SISTEMA DE PAGAMENTO ELECTRÓNICO BASEADO EM FICHAS DIGITAIS

Ficha eletrónica 3 tipos : Dinheiro ou tempo real, débito ou pré-pago, crédito ou pós-pago E-Cash: Um novo conceito de sistema de pagamento em linha

Propriedades da moeda eletrónica: valor monetário, interoperabilidade, possibilidade de recuperação e segurança

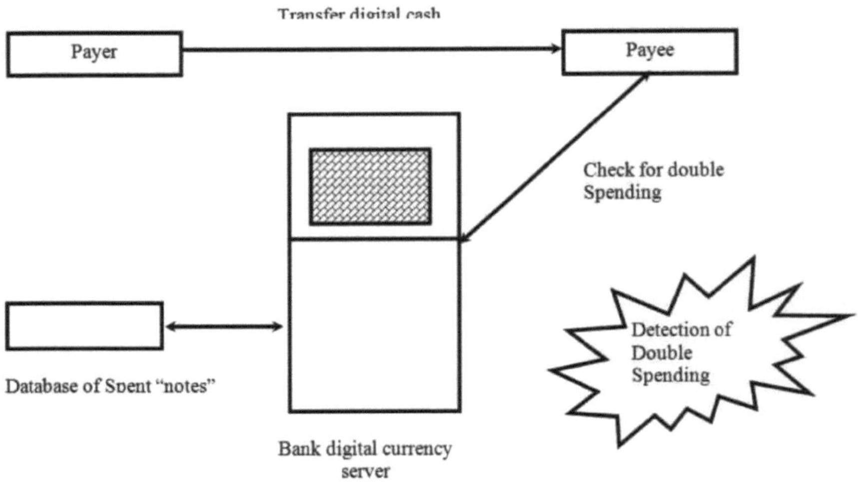

Payment transaction sequence in an electronic check system

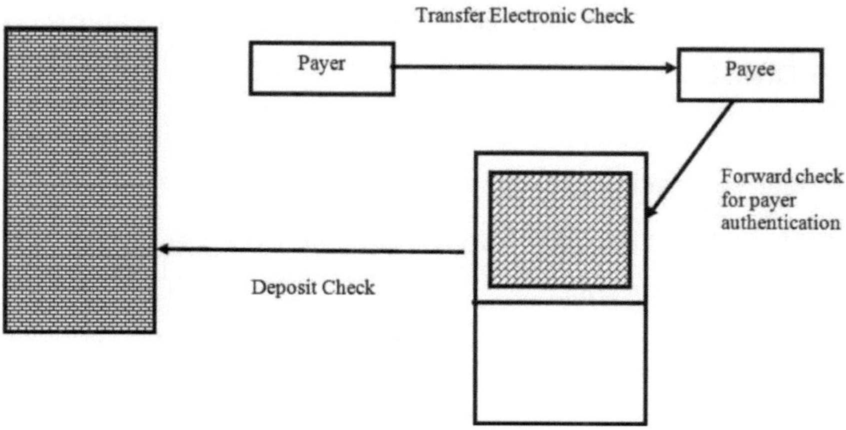
Transfer Electronic Check
Payer
Payee
Forward check for payer authentication
Deposit Check

Capítulo 6 DESIGNAÇÃO DO SISTEMA DE PAGAMENTO ELECTRÓNICO

Foi concebido com privacidade, segurança, interfaces intuitivas, integração de bases de dados, corretores (Network Banker), fixação de preços, normas

6.1 INFRA-ESTRUTURAS - PROCESSAMENTO DE CARTÕES DE CRÉDITO EM LINHA

- Redes regionais de transferência eletrónica de fundos (TEF)
- Associação de Cartões de Crédito
- Fornecedores de equipamento
- Processadores de dados
- Programadores de software
- Empresas de pagamento de facturas
- Prestadores de serviços de telecomunicações

Riscos e sistema de pagamento eletrónico

1. Fraude ou erro
2. Questões de privacidade
3. Risco de crédito

6.2 SISTEMA DE PAGAMENTO DIGITAL

Dinheiro cibernético

- Utiliza um mecanismo de pagamento digital
- Utiliza tecnologias criptográficas modernas
- Inclui encriptação de chaves públicas e privadas
- Utiliza assinatura digital

- Implementação do software especial de cliente e servidor da thro

- Instalar e configurar o "servidor WWW" de um comerciante para aceitar pagamentos em dinheiro cibernético é mais complicado.

6.3 "PRIMEIRA VIRTUAL

- Utilizar diferentes pressupostos sobre o estado da informação na Internet

- Oferece um método de compra e venda de produtos de informação através da Internet.

- A First Virtual permite que os comerciantes de informação tenham a oportunidade de oferecer as suas informações a um preço justo.

- A First Virtual destina-se exclusivamente à compra e venda de informações.

- Não deve ser utilizado para vender produtos ou serviços.

- Pode ser utilizado para subscrições, filiação e contribuições para instituições de caridade.

- A First Virtual não está a utilizar encriptação ou assinaturas digitais

- O primeiro sistema de pagamento virtual pode ser implementado por vendedores ou servidores www, em servidores de transferência de ficheiros (ftp) e mesmo no correio eletrónico.

Primeiro sistema de pagamento virtual na Internet

Pressuposto fundamental

1. Os comerciantes de informação eletrónica podem produzir tantas ou tão poucas cópias de qualquer informação.

2. Os compradores de informação, tal como os compradores de qualquer outro produto, precisam de

uma forma de examinar os produtos antes de os comprar.

3. A compra e a venda devem ser simples e ter um custo de entrada tão

baixo quanto possível em termos de tempo, dinheiro e esforço.

Abrir uma primeira conta virtual

Contém um formato: Nome completo, e-mail, número de telefone, endereço, código postal, estado, etc,

Primeiro processo de informação

- O cliente tenta descarregar informações.
- O comerciante tem a possibilidade de verificar a conta corrente.
- A informação oferecida será enviada ao comprador diretamente do servidor do comerciante.
- O servidor dos comerciantes envia uma mensagem de correio eletrónico com a identificação do comprador e do vendedor, a hora da compra e o preço.
- Primeiro, o virtual envia uma mensagem de correio eletrónico ao cliente para saber se este quer pagar por este artigo.
- Se "Sim", alguma atenção (semelhante à hora de abertura do correio eletrónico A/c, é necessário um acordo virtual)
- Em seguida, confirmar a transação.

6.4 InfoHas SERVICE

www. Infohas. com

Os comerciantes de informação podem expor e vender os seus produtos através do serviço InfoHas, bastando para tal descarregar os seus produtos para o servidor InfoHas. A taxa normal é de 2% sobre as vendas.

6.5 DINHEIRO CIBERNÉTICO

Para processar transacções com cartão de crédito, é necessário abrir uma conta de comerciante num banco que ofereça ciber-dinheiro

- O software cliente Cyber cash está disponível em várias fontes, incluindo o sítio Web da Cyber cash

- Quando o cliente conclui uma compra, clica no botão cibernético PAGAR em dinheiro, o comerciante recebe informações sobre a encomenda desse cliente.
- Os dados encriptados incluem as informações de pagamento do cliente.
- O ciber-dinheiro do comerciante reencaminha a mensagem cifrada para o ciber-dinheiro
- Assim que o ciber-dinheiro recebe a mensagem de pagamento encriptada, o ciber

o dinheiro determina a transação com cartão de crédito ou com moeda cibernética.

- Quando o ciber-dinheiro se baseia no cartão de crédito, então o ciber-dinheiro encaminha o

mensagem para o banco designado pelo comerciante ou para o processador do cartão de crédito.

- Em seguida, a aceitação ou rejeição tem lugar em 20 segundos.
- Com a moeda cibernética, a carteira eletrónica contém essencialmente uma transferência de dinheiro digital com incrementos de 20 dólares.
- O dinheiro em moeda digital é colocado no A/C do cyber cash e, durante a transação, o dinheiro é retirado da carteira e enviado para a carteira de moeda digital do comerciante.
- O servidor do comerciante Cyber cash deve ser corretamente configurado antes de qualquer transação Cyber cash.
- Os testes devem ser efectuados antes de aceitar dinheiro cibernético

6.6 A EXECUTAR PELA PRIMEIRA VEZ S/W PARA CYBER CASH

S Novo ecrã da carteira

S Ecrã de resumo

S Ecrã de geração de chaves

S Confirmação da nova carteira

S Ecrã de cópia de segurança

S Ecrã Adicionar cartão de crédito

S Nome do ecrã do cartão de crédito

S Ecrã de informações de faturação do cartão de crédito

S Ecrã de introdução do número do cartão de crédito

S Ecrã do assistente de cartão de crédito 1

S Ecrã do assistente de cartão de crédito 2

S Ecrã do assistente de cartão de crédito 3

S Ecrã do assistente de cartão de crédito 4

Painel de administração da aplicação cliente S Cyber cash

S Aplicação cliente Cyber cash - registo de transacções

S Resumo do pedido de pagamento em numerário para o Cyber

S Ecrã de notificação de autorização de transação

Modelo de avaliação da Web para companhias aéreas

- Informações sobre a empresa, detalhes do cliente, informações sobre o produto, negociação
- Encomenda, pagamento, entrega, pós-venda (feedback), desempenho, facilidade de utilização

6.7 SEGURANÇA DA REDE E FIREWALLS

Dois tipos gerais : Segurança cliente-servidor, segurança de dados e transacções

A segurança cliente-servidor utiliza várias autorizações; apenas os utilizadores/programas válidos têm acesso a informações como bases de dados; os utilizadores devidamente autenticados têm permissão de acesso; inclui proteção por palavra-passe, cartões inteligentes encriptados, biometria e firewalls.

A segurança dos dados e da transmissão garante a privacidade; garante a confidencialidade das mensagens electrónicas/compilações de dados; autenticação de utilizadores remotos de pagamentos em linha; encriptação de dados utilizando métodos criptográficos como medidas preventivas

Client –Server Network Security

Unprotected internet Connection

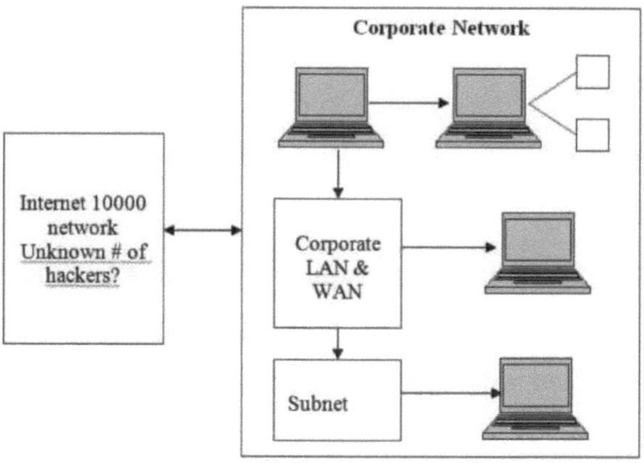

Tipos de falhas na segurança da rede cliente-servidor

- Falhas na segurança física
- Falhas na segurança do software
- Furos de utilização inconsistentes

Falhas na segurança física

Exemplos:

a. Estação de trabalho pública para que qualquer hacker possa temperar os primeiros dados.

b. Na rede , adivinhar palavras-passe

Falhas na segurança do software

a. Programas mal escritos, como o "send mail", foram um furo em 1988.

b. Recentemente, nas estações de trabalho IBM CRS - 6000, era possível uma shell "root" com o mais alto nível de acesso e podia ser utilizada para eliminar todo o sistema de ficheiros.

Furos de utilização inconsistentes

a. Quando o administrador do sistema monta uma combinação de hardware e software que apresenta falhas graves do ponto de vista da segurança.

b. Isto é comum quando o software é mais complexo.

Segurança baseada na confiança

1. Confiar em toda a gente e não fazer nada extra em termos de proteção.

Segurança através da obscuridade (STO)

2. Qualquer rede é segura na medida em que ninguém fora do seu grupo de gestão está autorizado a descobrir qualquer coisa sobre os seus pormenores operacionais. Isto é bastante bem sucedido em sistemas como o IBM MVS ou o DEC VAX.

Esquemas de palavras-passe:- Barreira de primeiro nível à intrusão acidental.

Sistema biométrico

1. Nível mais seguro de autorização que envolve um aspeto único do corpo de uma pessoa. No passado, a autenticação biométrica baseava-se na comparação de impressões digitais, impressões palmares ou verificação de assinaturas.

2. Muitos dispositivos biométricos são dispendiosos.

Alguns sistemas demoram 10 a 30 segundos a verificar um pedido de acesso.

6.8 AMEAÇAS À SEGURANÇA DAS REDES

> A ameaça à segurança que está a surgir no mundo do comércio eletrónico é o código móvel (agente de software) que se assemelha à ameaça tradicional dos vírus

> É um programa executável com capacidade para passar de máquina para máquina

> Invocar-se a si próprio sem influência externa

> Estas ameaças são de dois tipos:

o Ameaça ao ambiente informático local por software móvel o Controlo de acesso e ameaças aos servidores, incluindo negação de serviço, repetição de pacotes e modificação de pacotes

6.9 AGENTES DE SOFTWARE E AMEAÇAS DE CÓDIGO MALICIOSO

Estas ameaças resultam de dados ou códigos maliciosos, nomeadamente vírus, worms, cavalos de Troia, bombas lógicas e outros programas de software desviantes. o Vírus

Um segmento de código replica-se então anexando cópias de si próprio a ficheiros EXE existentes. A nova cópia do vírus é executada quando o utilizador executa o programa anfitrião

o Cavalo de Troia

Um programa que executa uma tarefa desejada, mas também inclui uma função inesperada e indesejável. Ao editar um programa para um sistema multi-utilizador, pode levar à eliminação de ficheiros de alguns utilizadores também

o Verme

Um programa auto-replicante que é autónomo e não necessita de um programa anfitrião. Os worms utilizam normalmente serviços de rede para se propagarem a outros sistemas anfitriões

6.10 AMEAÇAS AOS SERVIDORES

Estas ameaças consistem em

> Modificação não autorizada de dados do servidor

> Modificação dos pkts de dados de entrada.

> Comprometimento de um sistema de servidor através da exploração de erros no software do servidor

> Em comparação com os sistemas autónomos, os servidores de rede são muito mais susceptíveis a ataques

o Exemplo:

■ Os piratas informáticos têm acesso potencial a um grande número de sistemas. Isto leva a falhas de segurança

■ Os hackers podem utilizar programas UNIX populares como Finger, rsh, para descobrir o nome A/C, tentar adivinhar uma palavra-passe simples, etc., e depois entrar ilegalmente

■ Os piratas informáticos podem apanhar nomes de utilizador e palavras-passe não encriptados enviados pela Internet

■ Os piratas informáticos podem configurar um sistema para se fazer passar por outro sistema, obtendo assim acesso não autorizado

■ Os servidores são especialmente vulneráveis ao sobre-carregamento de serviços, escrevendo um pequeno ciclo e enviando continuamente pedidos para um determinado ficheiro

■ O carregamento excessivo de mensagens ocorre quando alguém envia um ficheiro muito grande, a cada poucos minutos

6.11 CRIPTOGRAFIA DE CHAVE PÚBLICA

> Forma mais poderosa de criptografia que envolve a utilização de chaves públicas

> Envolve um par de chaves, uma chave privada e uma chave pública associadas uma à outra

> As informações encriptadas pela chave privada só podem ser desencriptadas utilizando a chave pública correspondente

> A chave privada utilizada para encriptar as informações transmitidas pelo utilizador é mantida em segredo

> A chave pública é utilizada para desencriptar informações no recetor e não é mantida em segredo

> Uma vez que apenas o autor genuíno de uma mensagem de encriptação tem conhecimento da chave privada, a desencriptação bem sucedida utilizando a

a chave pública correspondente verifica a identificação do autor e assegura a integridade da mensagem

> As chaves públicas podem ser mantidas num repositório central e recuperadas para descodificar ou codificar informações

> Ninguém pode descobrir a chave privada a partir da chave pública correspondente

> Além disso, a criptografia de chave pública pode ser utilizada para autenticação do remetente, conhecida como assinaturas digitais

6.12 TRANSMISSÃO ELECTRÓNICA SEGURA

Envolve a segurança dos dados, a segurança das mensagens, a confidencialidade das mensagens, a integridade das mensagens e do sistema, a autenticação/identificação do remetente das mensagens, a encriptação como base da segurança dos dados e das mensagens, a norma de encriptação de dados (DES), a criptografia de chave pública. A solução de segurança de rede envolve segurança e Web, categorias de dados e transacções na Internet, esquemas de segurança baseados na WWW, caraterísticas básicas de autenticação, Secure Sockets Layer (SSL), Secure Hypertext Transfer Protocol (S-HTTP), segurança e Web.

- o Trata-se de um problema de grande visibilidade
- o Dia a dia # de candidaturas para as empresas
- o Muitas necessidades de autenticação Cliente - Servidor

- Autenticação do servidor
- Privacidade através de encriptação
- Integridade dos dados

Categorias de dados e transacções da Internet

- o Várias categorias de dados devem ser encriptadas
- o Os dados públicos não têm restrições de segurança
- o Os dados de direitos de autor têm conteúdos protegidos por direitos de autor mas não são secretos
- o Os dados confidenciais são secretos
- o A existência de dados secretos é secreta.

Esquemas de segurança baseados na WWW

- o O HTTP seguro (S-HTTP) é uma revisão do HTTP que permite a incorporação de vários formatos de mensagens criptográficas, sendo a maior parte da segurança efectuada a nível do protocolo
- o A Security Socket Layer (SSL) utiliza a segurança RSA para envolver informações de segurança em protocolos baseados em TCP/IP.

6.13 CAMADAS DE SEGURANÇA DA WEB

Aplicação comercial eletrónica
S-HTTP
Protocolo de aplicação baseado em TCP
SSL
Protocolo Internet (IP)

Firewall - é a barreira entre a rede da empresa e o mundo exterior (rede não fiável). É um método que consiste em colocar um dispositivo, um computador ou um router entre a rede e a Internet. O seu objetivo é controlar e monitorizar todo o tráfego entre o mundo exterior e a rede local. Normalmente, o dispositivo permite que os utilizadores internos tenham acesso total ao serviço no mundo exterior, ao mesmo tempo que concede acesso a partir do exterior apenas de forma selectiva, com base no nome de registo, na palavra-passe, no endereço IP ou noutros identificadores

> Um dispositivo de proteção para proteger áreas vulneráveis de alguma forma de perigo

> No contexto da Internet, uma firewall é um sistema - um router, um PC, um anfitrião ou um conjunto de anfitriões - configurado especialmente para proteger um sítio ou uma sub-rede de protocolos e serviços que podem ser utilizados abusivamente por anfitriões na sub-rede exterior.

6.14 FIREWALL - LIGAÇÃO SEGURA À INTERNET

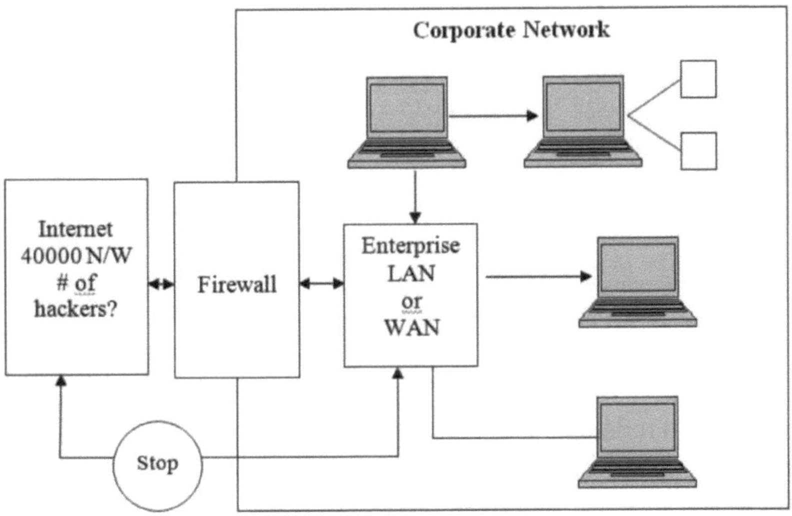

6.15 Firewall segura com router de rastreio de pacotes IP

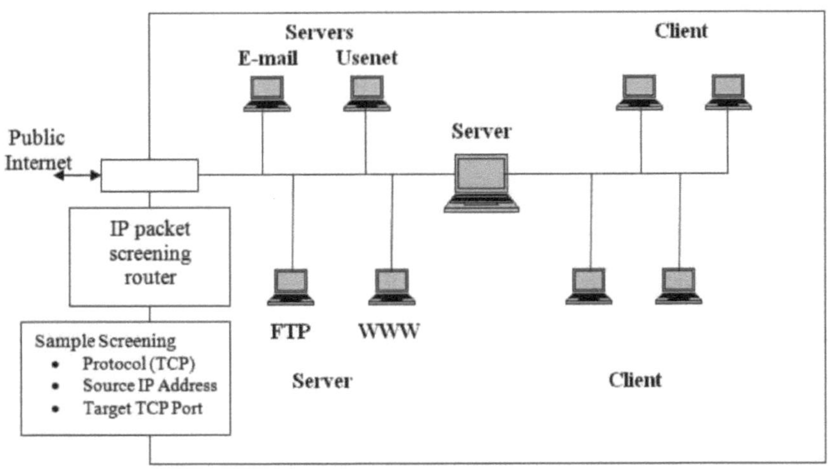

6.16 SERVIDORES DE APLICAÇÕES PROXY

Um gateway de aplicação proxy é um servidor especial que normalmente é executado numa máquina de firewall.

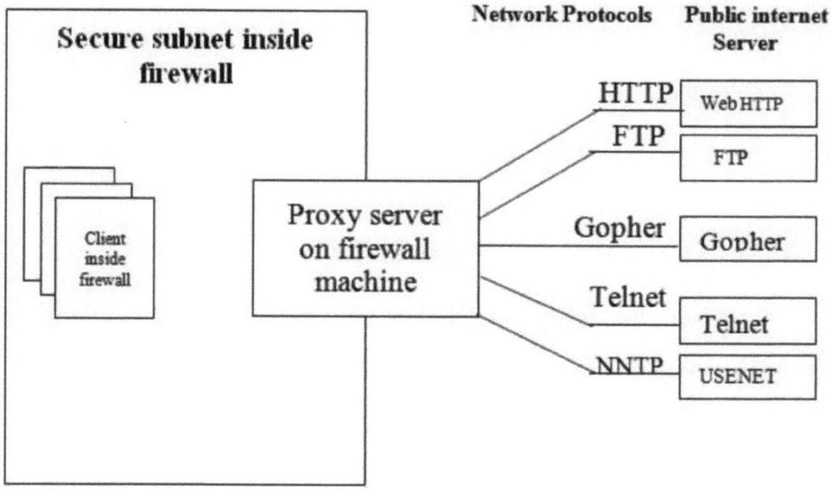
Secure subnet inside firewall
Network Protocols
Public internet Server
Client inside firewall
Proxy server on firewall machine
HTTP
FTP
Gopher
Telnet
NNTP
Web HTTP
FTP
Gopher
Telnet
USENET

Capítulo 7 EDI - APLICAÇÕES

As aplicações de intercâmbio eletrónico de dados (EDI) são as seguintes

> Monitorização do material circulante ferroviário

> Planos de navios para bebés (planos de carga para navios porta-contentores),

> Avisos de atracação / programação de navios

> Notificação de mercadorias perigosas em navios / comboios / aviões

> Intercâmbio de documentos CAD / CAM

> Acompanhamento do concurso

> Entrega de documentos judiciais

> Notificação de apresentação de documentos de arquivo

> Manifestos de navios / cartas de porte aéreo / autorizações de clientes

> Liquidações de direitos de companhias aéreas

> Comércio internacional transfronteiriço

> Transferência eletrónica de fundos

> EDI de cuidados de saúde para pedidos de indemnização de seguros

> Contratos de fabrico e retalho

> O comércio internacional e a EDI, neste contexto, são uma forma de eficácia comercial que permite uma utilização mais rápida, mais simples, mais alargada e menos onerosa da EDI.

7.1 EDI: QUESTÕES JURÍDICAS, DE SEGURANÇA E DE PRIVACIDADE

Nos termos do direito contratual norte-americano, existem três modos de comunicação:

> Instantâneo:

o Se as partes utilizarem a comunicação presencial, como o telefone, considera-se que uma oferta ou aceitação é comunicada e operável quando falada.

> Atrasado (USPS) (serviço postal dos EUA)

o A regra da caixa de correio prevê que uma aceitação comunicada através do correio USPS é efetivamente comunicada quando expedida ou fisicamente depositada numa caixa de correio USPS.

> Atraso (não USPS)

o As ofertas e aceitações transmitidas (que não através do correio USPS) por telegrama, programa de correio e, provavelmente, por um sistema de gestão eletrónica são consideradas comunicadas e operacionais após a sua receção. Os correios inserem-se nesta categoria. A disparidade jurídica entre os serviços USPS e não USPS deve ser reexaminada, uma vez que as diferenças deixaram de existir.

Os sistemas de mensagens combinam a comunicação instantânea e a comunicação com atraso. O atraso de uma mensagem é função da aplicação específica, do encaminhamento da mensagem, das redes percorridas, da configuração do sistema e de outros factores técnicos. Quem assume a responsabilidade? Se o correio americano ou um serviço de correio expresso não entregar um contrato nos endereços corretos, pode ser responsabilizado por qualquer perda comercial causada por esse erro. No caso do EDI, o tribunal ainda não decidiu. O governo dos EUA apoiará a autoridade jurídica da assinatura digital, que satisfará os requisitos das assinaturas juridicamente vinculativas para a maioria dos fins. Se um contrato for assinado com assinatura digital, é possível verificar antecipadamente que nenhum byte foi alterado. Assim, a consideração jurídica da autenticação digital e da força vinculativa do EDI é um tópico que merece atenção imediata, quantificada e intensa.

7.2 EDI , NORMA DE COMÉRCIO ELECTRÓNICO

As duas principais normas EDI são

- . ANSI : Instituto Nacional Americano de Normas X.12 comité
- . Normas EDI das Nações Unidas para as administrações, empresas e comércio (EDIFACT) para utilização internacional.

ANSI X.12

- Comité de normalização acreditado em 1979 para a norma de I & D para documentos comerciais
- X.12 definiu a norma para transacções comerciais relacionadas com EDI, como

colocação e processamento de encomendas, expedição e receção, faturação, pagamentos, processamento de pedidos de pagamento em numerário para produtos e serviços

- Conjuntos que, de um modo geral, transformam um documento tradicional em papel em formato eletrónico para passar para as telecomunicações N/W
- Cada formato de transação inclui muitos segmentos de dados.

EXEMPLOS : As transacções ANSI X.12 incluem

FORMULÁRIO#ACTIVIDADE

838Registo do fornecedor

840Pedido de orçamento

843Resposta a 840

850Ordem de compra

855Confirmação para850

997Conhecimento funcional

Estes são transmitidos através do protocolo de correio eletrónico X400 ou dos protocolos MIME - Multipurpose Internet mail extension

EDIFACT

- Desenvolvido pelas Nações Unidas
- Semelhante à ANSI X.12
- Baseado no TRADECOMS desenvolvido pelo Reino Unido

Departamento das Alfândegas e dos Impostos Especiais sobre o Consumo, com a assistência do SITPRO (Conselho britânico para a simplificação dos procedimentos comerciais)

- Desenvolvido pela Comissão Económica das Nações Unidas para a Europa
- Amplamente aceite pela norma EDI.
- Atualmente, a EDIFACT e a ANSI estão a trabalhar no sentido da compatibilidade

7.3 SISTEMA DE INFORMAÇÃO INTERNA

O que queremos dizer exatamente com "Informação na organização empresarial"?

> A informação começa com os dados empresariais

> Os dados empresariais tratam de blocos de construção

> Os módulos constituem a informação e o conhecimento que estão na base das operações de todas as empresas, independentemente do sector, da dimensão ou do país.

> A informação empresarial é criada, gerida e armazenada em muitas formas e locais

> O seu valor depende da capacidade dos trabalhadores para o aceder, manipular, alterar e distribuir.

> Como é que os sistemas de informação beneficiam as suas empresas?

> Os seguintes sistemas são bem conhecidos para criar vantagens competitivas e aumentar a eficácia

- SABRE - Sistema de reservas da American's Airline
- COSMOS - O sistema de clientes da Federal's Express rastreia cada pacote na rede através de computadores portáteis.
- Sistema de registo de encomendas e de controlo de inventário ASAP do sistema American Hospital
- ECOWOMOST - o sistema farmacêutico através da colocação de terminais em drogarias, etc.
- A USAA - United Service Automobile Association utilizou o seu ambiente de seguros automatizado

Em todos estes casos, começou por ser criada uma infraestrutura própria e, depois, a organização foi além da tecnologia, passando a encarar a gestão da própria "infraestrutura" como um ativo para obter vantagens competitivas.

7.4 ARQUITECTURA DA INFORMAÇÃO

Isto permite sistemas multifuncionais e uma melhor utilização da informação.

O sistema interfuncional lida com

> Integrar a empresa com informação que flui de uma empresa para outra.

> A integração funcional cruzada passou de mainframes monolíticos para sistemas cliente-servidor que ligam bases de dados empresariais, trabalhadores e tarefas através de informação de rede.

> Podemos ver este conceito na gestão da cadeia de abastecimento.

7.5 INFORMAÇÃO E NÃO DADOS

> Atualmente, a tónica é colocada na informação das empresas. Embora o sistema de informação e as aplicações possam ter de mudar periodicamente, a informação tem uma longevidade de 10 a 25 anos.

> As empresas estão a tentar recorrer a arquitectos de informação em vez de criadores de sistemas.

> A arquitetura da informação baseia-se na adoção generalizada de normas e protocolos em matéria de hardware, software e telecomunicações.

> A tecnologia está a mudar mais rapidamente.

> A relação preço/desempenho dos computadores melhorou exponencialmente. Por exemplo, em 2 anos, o 486 da Intel evoluiu de 25 MHz para 33 MHz, para 66 MHz, etc.

> Em suma, estamos a assistir a uma grande mudança

> A forma como concebemos os sistemas de informação é a mudança revolucionária no ambiente empresarial.

7.6 FORÇAS MACROECONÓMICAS E ACTIVIDADE INTERNA

As macro-forças que afectam a organização são as seguintes

> Um mercado global cada vez mais competitivo - lugar

> Diminuição da função de gestão intermédia

> Alteração das exigências e preferências dos clientes

> Pressão para reduzir as despesas

7.7 PALAVRAS-CHAVE PARA UMA GESTÃO EFICIENTE

> Gestão total das quantidades

> Melhoria dos processos empresariais ou reengenharia de processos empresariais

Confusão entre reengenharia e downsizing

> Ambas as funções são diferentes

> A reengenharia resulta em mais trabalho, melhoria da produtividade ou aumento dos lucros

> O down sizing (ou reestruturação da empresa) reduz a força de trabalho ou a redução dos custos com pessoal.

> A reengenharia utiliza frequentemente a automatização para reduzir a carga de trabalho e aumentar a quantidade e a eficiência.

> A reengenharia pode não conduzir a uma redução de efectivos.

7.8 MERCADOS GLOBAIS

> "Internacional" significa normalmente que uma empresa tem um escritório num país estrangeiro.

> A Global vai para além disso, para a autonomia e descentralização das operações.

> Os mercados globais não são novidade para as multinacionais que, por definição, desenvolvem uma parte substancial da sua atividade em países que não o seu país de origem.

> Como é que as empresas devem adaptar os seus sistemas de administração e de gestão da informação para operarem com sucesso em todo o mundo?

> Qual é o papel da autoestrada da informação no mercado global?

7.9 ORGANIZAÇÃO VERTICAL

> A abordagem vertical da gestão empresarial coloca dois problemas ao bom funcionamento das empresas.

> Em primeiro lugar, cria fronteiras que desencorajam os empregados de diferentes departamentos de interagir com outros.

> Em segundo lugar, os objectivos dos departamentos são definidos de forma a causar fricção entre os departamentos.

> Por exemplo, os objectivos são definidos apenas para maximizar as vendas e prestam pouca atenção à cobrança de contas ou à prestação de

serviços.

> Se o serviço ou a qualidade dos produtos não forem bons, isso não tem importância para as vendas, uma vez que cumpre o seu objetivo de vendas.

> Formam-se muitas lacunas (de comunicação) entre os trabalhadores.

> Por último, faltam três ingredientes fundamentais, nomeadamente o produto, o processo e o cliente.

> Uma das principais desvantagens é a falta de compreensão e de cooperação entre os serviços.

7.10 ORGANIZAÇÃO HORIZONTAL

> O principal objetivo é facilitar a transição suave de produtos e serviços intermédios através das suas várias funções para o cliente

> O objetivo é a coordenação adequada, a melhoria da gestão dos fluxos, a qualidade do trabalho e o aumento do valor para os clientes.

> Mesmo que os objectos sejam bons no papel, são vagos e esquivos durante a implementação, uma vez que cada grupo tem objectivos diferentes.

7.11 NOVAS FORMAS DE ORGANIZAÇÃO DA ESTRUTURA

> Estrutura de organização virtual ou em rede

> Estrutura de corretagem.

Organização virtual

> Estreita ligação a montante com os seus fornecedores

> A jusante, com os seus clientes.

> Também designadas por organizações em rede, acordos híbridos de redes orgânicas e parcerias de valor acrescentado.

> Exemplo: Cisco Systems, fabricante de equipamento de rede (routers) - excelente crescimento desde 1980.

- A estratégia consiste em desenvolver e gerir cuidadosamente parceiros que tratam de toda a produção, exceto a montagem final, os ensaios e a configuração.
- Os parceiros são selecionados com base no desempenho e na qualidade do trabalho.
- A gigante aeroespacial Boeing, a Ford e a GM são todas organizações virtuais.

Capítulo 8 CORRETORES ELECTRÓNICOS NOS MERCADOS INTERNOS

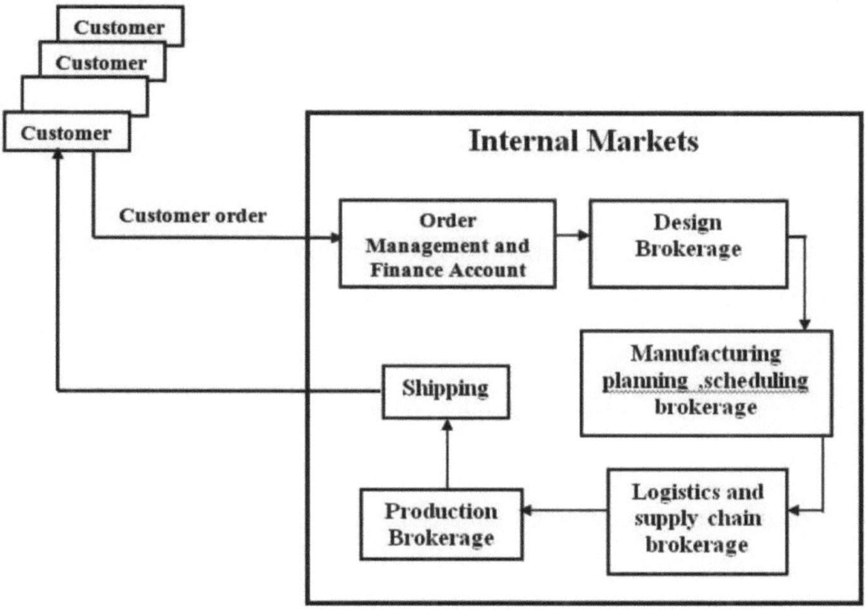

Em Chicago e São Francisco, a empresa "Peapod" está a entregar mercearias, bebidas alcoólicas, receitas médicas, etc. a mais de 10 000 lares. Utilizando um PC, os compradores podem navegar e fazer uma encomenda. Em seguida, um funcionário da Peapod pega numa carroça para recolher os produtos e entrega-os em 3 horas. Mais de 75% dos empregados são mulheres. Quando este tipo de televendedores se torna substancial, uma loja de luxo num imóvel de preço elevado torna-se desnecessária!

8.1 AUTOMATIZAÇÃO DO FLUXO DE TRABALHO

Oferece o seguinte :- > Mais atempadamente

> Económico

> Formas interpretadas para tomar decisões.

> O fluxo de trabalho retrata o movimento de um processo empresarial e as

suas tarefas associadas entre os trabalhadores e a operação necessária desde a fase inicial até à conclusão.

- Normalmente, os fluxos de trabalho são decompostos em etapas ou tarefas que devem ser efectuadas em primeiro lugar, em segundo lugar e assim por diante.
- Outra forma de analisar o fluxo de trabalho é descobrir a quantidade de atividade interfuncional.
- É evidente que chegou o momento de as empresas adoptarem uma visão integrada dos processos de todos os elementos da empresa
- A integração da organização é complexa, com 3 etapas:
  - Melhorar os processos existentes, utilizando a tecnologia sempre que necessário
  - Integração das funções empresariais com as necessidades de informação de cada processo
  - Integrar funções comerciais, programas de aplicação e bases de dados entre departamentos e grupos.
- O objetivo final é garantir que todos os departamentos e utilizadores finais tenham acesso a dados de toda a organização, em vez de dependerem de dados proprietários.

8.2 COORDENAÇÃO DO FLUXO DE TRABALHO

- O elemento-chave de uma empresa orientada para o mercado é a coordenação de tarefas e outros recursos.
- As ferramentas de coordenação do fluxo de trabalho mais simples de compreender e implementar são os formulários electrónicos, como as notas de lótus.
- Estes pacotes oferecem uma alternativa automatizada e baseada em rede aos documentos em papel.

> À medida que o número de intervenientes no fluxo de trabalho aumenta, é necessária uma boa coordenação.

> Para coordenar o fluxo de trabalho da manteiga, as empresas estão a utilizar agentes de software.

> Um bom pacote de fluxo de trabalho permite aos utilizadores especificar critérios de aceitação para passar o trabalho de uma fase para a seguinte.

> Pode também coordenar o software existente e acompanhar os processos para garantir que o trabalho é efectuado pelas pessoas certas.

8.3 PERSONALIZAÇÃO E NEGÓCIOS INTERNOS

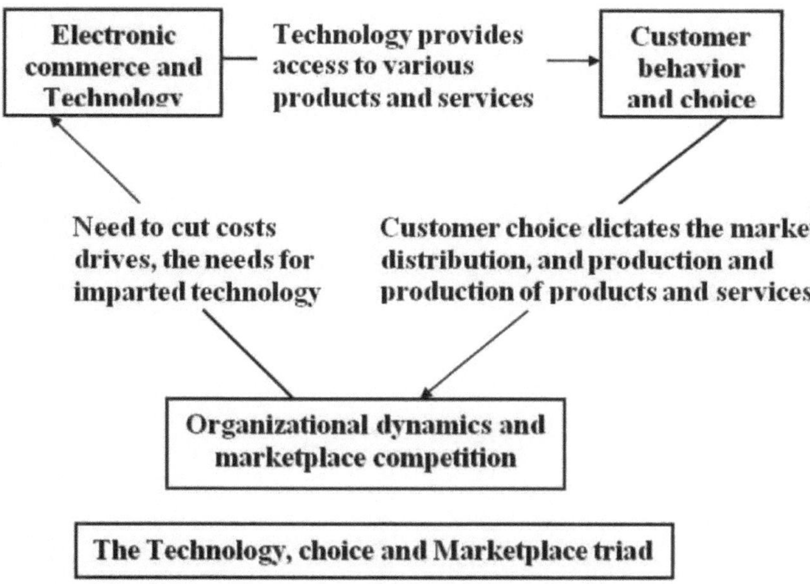

As qualidades da personalização são: a tecnologia incorpora a adaptabilidade, a programabilidade, a flexibilidade e outras. A personalização orientada para o cliente está a tornar-se importante devido ao excesso de escolha. Todos os mercados de trabalho são adequados para a aplicação da personalização. A maior parte do material escrito e da reflexão sobre a personalização tem negligenciado a tecnologia. A personalização está também a tornar-se uma realidade nas indústrias de serviços, como bancos, lojas de retalho, hospitais, etc.

Capítulo 9 UM CALENDÁRIO PARA O DESENVOLVIMENTO DO E-BUSINESS

9.1 DURANTE 1971 - 80

. 1971 ou 1972: A ARPANET é utilizada para organizar uma venda de cannabis entre estudantes do Laboratório de Inteligência Artificial de Stanford e do Instituto de Tecnologia de Massachusetts, mais tarde descrita como "o ato seminal do comércio eletrónico" no livro de John Markoff *What the Dormouse Said.*

. 1979: Michael Aldrich demonstra o primeiro sistema de compras em linha.

9.2 DURANTE 1981 - 90

. 1981: A Thomson Holidays UK é o primeiro sistema de compras em linha entre empresas a ser instalado.

. 1982: O Minitel foi introduzido a nível nacional em França pela France Télécom e utilizado para encomendas em linha.

. 1983: A Assembleia do Estado da Califórnia realiza a primeira audição sobre "comércio eletrónico" em Volcano, Califórnia. Testemunham a CPUC, a MCI Mail, a Prodigy, a CompuServe, a Volcano Telephone e a Pacific Telesis. (Não foi autorizada a testemunhar a Quantum Technology, que mais tarde se tornaria a AOL).

. 1984: O SIS/Tesco de Gateshead é o primeiro sistema de compras em linha B2C e a Sra. Snowball, 72 anos, é a primeira pessoa a fazer compras em linha em casa

. 1984: Em abril de 1984, a CompuServe lança o Electronic Mall nos EUA e no Canadá. É o primeiro serviço comercial eletrónico completo.

. 1989: Em maio de 1989, a Sequoia Data Corp. introduziu o Compumarket, o primeiro sistema de comércio eletrónico baseado na Internet. Os vendedores e compradores podiam colocar artigos à venda e os compradores podiam pesquisar a base de dados e efetuar compras com um cartão de crédito.

. 1990: Tim Berners-Lee escreve o primeiro navegador Web, WorldWideWeb, utilizando um computador NeXT.

9.3 DURANTE 1991 - 2000

. 1992: A Book Stacks Unlimited, em Cleveland, abre um sítio Web comercial de vendas (www.books.com) que vende livros em linha com processamento de cartões de crédito.

. 1993: A Paget Press lança a edição n.º 3 da primeira loja de aplicações, The Electronic AppWrapper

. 1994: A Netscape lança o browser Navigator em outubro com o nome de código Mozilla. O Netscape 1.0 é introduzido no final de 1994 com encriptação SSL que tornava as transacções seguras.

. 1994: O Ipswitch IMail Server torna-se o primeiro software disponível online para venda e transferência imediata através de uma parceria entre a Ipswitch, Inc. e a OpenMarket.

. 1994: "Ten Summoner's Tales", de Sting, torna-se a primeira compra segura em linha através da NetMarket.

. 1995: A National Science Foundation dos EUA levanta a sua anterior proibição estrita de empresas comerciais na Internet.

. 1995: Quinta-feira, 27 de abril de 1995, a compra de um livro por Paul Stanfield, gestor de produto da CompuServe UK, na loja da W H Smith no centro comercial da CompuServe UK é a primeira transação segura de um serviço nacional de compras em linha no Reino Unido.

. 1995: Jeff Bezos lança a Amazon.com e as primeiras estações de rádio sem anúncios, 24 horas por dia, apenas na Internet, a Radio HK e a NetRadio, começam a emitir. A eBay é fundada pelo programador informático Pierre Omidyar com o nome de AuctionWeb.

. 1996: Criação do mercado B2B IndiaMART na Índia.

. 1996: Criação do mercado B2B ECPlaza na Coreia.

. 1996: A utilização do Excalibur BBS com "Storefronts" replicados foi uma implementação precoce do comércio eletrónico iniciada por um grupo de SysOps na Austrália e replicada em sites de parceiros globais.

. 1998: Os selos postais electrónicos podem ser comprados e descarregados para impressão a partir da Web.

. 1999: O Grupo Alibaba é criado na China. A Business.com é vendida por 7,5 milhões de dólares à eCompanies, que tinha sido comprada em 1997 por 149 000 dólares. Lançamento do software de partilha de ficheiros peer-to-peer Napster. Lançamento da ATG Stores, que vende em linha artigos de decoração para o lar.

. 2000: Complete Idiot's Guide to e-Business lançado na Amazon

. 2000: A falência das "dot-com".

9,4 DURANTE 2001 - 2010

. 2001: A Alibaba.com atingiu a rendibilidade em dezembro de 2001.

. 2002: A eBay adquire a PayPal por 1,5 mil milhões de dólares. As empresas de retalho de nicho Wayfair e NetShops são fundadas com o conceito de venda de produtos através de vários domínios específicos, em vez de um portal central.

. 2003: A Amazon.com regista o primeiro lucro anual.

. 2003: Criação do mercado B2B da Bossgoo na China.

. 2004: É criada a DHgate.com, a primeira plataforma de transacções b2b online da China, obrigando outros sites b2b a abandonar o modelo das "páginas amarelas".

. 2007: A Business.com é adquirida pela R.H. Donnelley por 345 milhões de dólares.

. 2009: Zappos.com adquirida pela Amazon.com por 928 milhões de dólares. Retail Convergence, operador do sítio Web de vendas privadas RueLaLa.com, adquirido pela GSI Business por 180 milhões de dólares, mais até 170 milhões de dólares em pagamentos de ganhos com base no desempenho até 2012.

. 2010: A Groupon terá rejeitado uma oferta de 6 mil milhões de dólares da Google. Em vez disso, os sítios Web de compras em grupo avançaram com uma IPO em 4 de novembro de 2011. Foi a maior IPO desde a Google.

9,5 DURANTE 2011 - 2015

. 2012: O Grupo Zalora foi fundado e iniciou as suas actividades na Ásia.

. 2014: A Overstock.com processa mais de 1 milhão de dólares em vendas de Bitcoin. Estima-se que a indústria de e Business da Índia tenha crescido mais de 30% desde 2012, atingindo 12,6 mil milhões de dólares em 2013. Prevê-se que as vendas de comércio eletrónico e retalho em linha nos EUA atinjam 294 mil milhões de dólares, um aumento de 12% em relação a 2013 e 9% de todas as vendas a retalho. O Alibaba Group tem a maior oferta pública inicial de sempre, no valor de 25 mil milhões de dólares.

. 2015: A Amazon.com é responsável por mais de metade do crescimento do comércio eletrónico, vendendo quase 500 milhões de unidades de manutenção nos EUA.

Capítulo 10 REGULAMENTAÇÃO GOVERNAMENTAL

10.1 NOS ESTADOS UNIDOS

Certas actividades comerciais electrónicas são regulamentadas pela Federal Trade Commission (FTC). Estas actividades incluem, entre outras, a utilização de correio eletrónico comercial, a publicidade em linha e a privacidade dos consumidores. A Lei CAN-SPAM de 2003 estabelece normas nacionais para o marketing direto por correio eletrónico. O Federal Trade Commission Act regula todas as formas de publicidade, incluindo a publicidade em linha, e estabelece que a publicidade deve ser verdadeira e não enganosa. Utilizando a sua autoridade ao abrigo da Secção 5 da FTC Act, que proíbe práticas desleais ou enganosas, a FTC interpôs uma série de processos para fazer cumprir as promessas contidas nas declarações de privacidade das empresas, incluindo promessas sobre a segurança das informações pessoais dos consumidores. Consequentemente, qualquer política de privacidade das empresas relacionada com a atividade de comércio eletrónico pode estar sujeita à aplicação da FTC. A **nível internacional,** existe a International Consumer Protection and Enforcement Network (ICPEN), que foi criada em 1991 a partir de uma rede informal de organizações governamentais de comércio justo com os clientes. O objetivo era encontrar formas de cooperação para resolver os problemas dos consumidores relacionados com as transacções transfronteiriças de bens e serviços e ajudar a garantir o intercâmbio de informações entre os participantes para benefício e compreensão mútuos. Daí surgiu o Econsumer.gov, uma iniciativa do ICPEN desde abril de 2001. Trata-se de um portal que permite apresentar queixas sobre transacções em linha e transacções conexas com empresas estrangeiras. Existe também a **Cooperação Económica Ásia-Pacífico** (APEC), criada em 1989 com o objetivo de alcançar a estabilidade, a segurança e a prosperidade na região através do comércio e investimento livres e abertos. A APEC tem um Grupo Diretor para o Comércio Eletrónico e está a trabalhar em regulamentos de privacidade comuns em toda a região da APEC.

10.2 NA AUSTRÁLIA

O comércio é abrangido pelas Diretrizes do Tesouro Australiano para o comércio eletrónico e a Comissão Australiana da Concorrência e do Consumidor regula e dá conselhos sobre como lidar com empresas em linha e oferece conselhos específicos sobre o que acontece se as coisas correrem mal.

10.3 NO REINO UNIDO

A Autoridade de Serviços Financeiros (FSA) era a autoridade reguladora para a maioria dos aspectos da Diretiva de Serviços de Pagamento da UE (PSD), até à sua substituição em 2013 pela Autoridade de Regulação Prudencial e pela Autoridade de Conduta Financeira. O Reino Unido implementou a DSP através dos Payment Services Regulations 2009 (PSRs), que entraram em vigor a 1 de novembro de 2009. O PSR afecta as empresas que prestam serviços de pagamento e os seus clientes. Estas empresas incluem bancos, emissores de cartões de crédito não bancários e adquirentes comerciais não bancários, emissores de moeda eletrónica, etc. Os PSRs criaram uma nova classe de empresas regulamentadas, conhecidas como instituições de pagamento (PIs), que estão sujeitas a requisitos prudenciais. O artigo 87.º da DSP exige que a Comissão Europeia apresente um relatório sobre a aplicação e o impacto da DSP até 1 de novembro de 2012.

10.4 NA ÍNDIA

A Lei das Tecnologias da Informação de 2000 rege a aplicabilidade básica do e Business.

10.5 NA CHINA

A regulamentação das telecomunicações da República Popular da China (promulgada em 25 de setembro de 2000) estipulou que o Ministério da Indústria e das Tecnologias da Informação (MIIT) era o departamento governamental que regulamentava todas as actividades relacionadas com as telecomunicações, incluindo o comércio eletrónico. No mesmo dia, foram publicadas as medidas administrativas relativas aos serviços de informação na Internet, o primeiro regulamento administrativo a abordar as actividades geradoras de lucros realizadas através da Internet e a lançar as bases para a futura regulamentação do comércio eletrónico na China. Em 28 de agosto de 2004, a décima primeira sessão do décimo Comité Permanente do CNP adoptou a lei da assinatura eletrónica, que regula as mensagens de dados, a autenticação da assinatura eletrónica e as questões de responsabilidade jurídica. É considerada a primeira lei da China em matéria de comércio eletrónico. Foi um marco importante no aperfeiçoamento da legislação chinesa sobre comércio eletrónico e assinala também a entrada da China na fase de rápido desenvolvimento da legislação sobre comércio eletrónico.

Capítulo 11 IMPACTO DO E-BUSINESS

11.1 IMPACTO NOS MERCADOS E NOS RETALHISTAS

Os economistas têm teorizado que o comércio eletrónico deverá conduzir a uma intensificação da concorrência de preços, uma vez que aumenta a capacidade dos consumidores para recolher informações sobre produtos e preços. Uma investigação realizada por quatro economistas da Universidade de Chicago concluiu que o crescimento das compras em linha também afectou a estrutura do sector em duas áreas que registaram um crescimento significativo do comércio eletrónico, as livrarias e as agências de viagens. De um modo geral, as empresas de maior dimensão podem utilizar economias de escala e oferecer preços mais baixos. A única exceção a este padrão foi a categoria mais pequena de livreiros, as lojas com um a quatro empregados, que parecem ter resistido à tendência. Consoante a categoria, o comércio eletrónico pode alterar os custos de mudança - processuais, relacionais e financeiros - suportados pelos clientes. As pessoas ou empresas envolvidas no comércio eletrónico, quer sejam compradores ou vendedores, recorrem à tecnologia baseada na Internet para realizar as suas transacções. O comércio eletrónico é reconhecido pela sua capacidade de permitir que as empresas comuniquem e efectuem transacções em qualquer altura e em qualquer lugar. Quer um indivíduo se encontre nos EUA ou no estrangeiro, os negócios podem ser efectuados através da Internet. O poder do comércio eletrónico permite que as barreiras geofísicas desapareçam, tornando todos os consumidores e empresas do planeta potenciais clientes e fornecedores. O eBay é um bom exemplo de comércio eletrónico, pois as pessoas e as empresas podem publicar os seus artigos e vendê-los em todo o mundo. Nas actividades de cibernegócio, a cadeia de abastecimento e a logística são os dois factores mais importantes a ter em conta. Normalmente, a logística transfronteiriça necessita de algumas semanas. Devido a esta baixa eficiência do serviço da cadeia de abastecimento, a satisfação do cliente será muito reduzida. Alguns investigadores afirmaram que a combinação da competência em matéria de cibercomércio com a configuração das TI poderia aumentar o valor comercial global da empresa. Outro investigador afirmou que o cibercomércio precisa de considerar a criação de centros de armazenamento em países estrangeiros, para criar uma elevada eficiência do sistema logístico, não só para melhorar a satisfação dos clientes, mas também para aumentar a sua fidelidade.

11.2 IMPACTO NA GESTÃO DA CADEIA DE ABASTECIMENTO

Durante muito tempo, as empresas sentiram-se incomodadas com o desfasamento entre os benefícios da tecnologia da cadeia de abastecimento e as soluções para os concretizar. No entanto, o aparecimento do cibernegócio proporcionou uma forma mais prática e eficaz de obter os benefícios das novas tecnologias da cadeia de abastecimento. O cibercomércio tem a capacidade de integrar todas as funções interempresas e intraempresas, o que significa que os três fluxos (fluxo físico, fluxo financeiro e fluxo de informação) da cadeia de abastecimento também podem ser afectados pelo cibercomércio. Os efeitos nos fluxos físicos melhoraram o nível de movimentação dos produtos e das existências das empresas. No que se refere aos fluxos de informação, o cibercomércio optimizou a capacidade de tratamento da informação de que as empresas dispunham anteriormente e, no que se refere aos fluxos financeiros, o cibercomércio permite que as empresas disponham de soluções de pagamento e liquidação mais eficientes. Além disso, o cibercomércio tem um nível de impacto mais sofisticado nas cadeias de abastecimento: Em primeiro lugar, as lacunas de desempenho serão eliminadas, uma vez que as empresas podem identificar as lacunas entre os diferentes níveis das cadeias de abastecimento através de soluções electrónicas; em segundo lugar, em resultado da emergência do cibercomércio, novas capacidades, como a implementação de sistemas ERP, como o SAP ERP, o Xero ou o Megaventory, ajudaram as empresas a gerir as operações com clientes e fornecedores. No entanto, estas novas capacidades ainda não estão a ser totalmente exploradas. Em terceiro lugar, as empresas tecnológicas continuarão a investir em novas soluções de software de cibercomércio, uma vez que esperam o retorno do investimento. Em quarto lugar, o cibercomércio ajudaria a resolver muitos aspectos de questões que as empresas podem considerar difíceis de resolver, como as barreiras políticas ou as mudanças entre países. Por último, o cibercomércio proporciona às empresas uma forma mais eficiente e eficaz de colaborarem entre si no âmbito da cadeia de abastecimento.

11.3 IMPACTO NO EMPREGO

O comércio eletrónico ajuda a criar novas oportunidades de emprego devido a serviços relacionados com a informação, aplicações informáticas e produtos digitais. Ao mesmo tempo, também provoca a perda de postos de trabalho, uma vez que substitui as compras tradicionais e não necessita de pessoal nas lojas. O desenvolvimento do cibercomércio exige um leque mais vasto de competências em termos de digitalização, tecnologia e base de informação. Os empregados devem ser capazes de lidar com um grande número de pedidos dos clientes e com o processo de encomenda. Por conseguinte, aumenta a procura de trabalhadores com elevadas competências e conhecimentos especializados, bem como os salários deste grupo de pessoas. Em contrapartida, as pessoas com poucas competências técnicas não podem beneficiar do bem-estar salarial. Por outro lado, como o comércio eletrónico exige stocks suficientes que possam ser entregues aos clientes a tempo, o armazém torna-se um elemento importante. O armazém necessita de mais pessoal para gerir, supervisionar e organizar, pelo que as condições do ambiente do armazém serão objeto de preocupação por parte dos trabalhadores.

11.4 IMPACTO NOS CLIENTES

A existência do comércio eletrónico traz comodidade aos clientes, uma vez que não têm de sair de casa e só precisam de navegar no sítio Web em linha, especialmente para comprar os produtos que não são vendidos nas lojas mais próximas. Pode ajudar os clientes a comprarem uma gama mais vasta de produtos e a pouparem o seu tempo. Além disso, as compras em linha oferecem frequentemente promoções de vendas ou códigos de desconto, pelo que são mais económicas para os clientes. Além disso, o comércio eletrónico fornece informações pormenorizadas sobre os produtos; nem mesmo o pessoal da loja pode dar uma explicação tão detalhada. Os clientes podem também consultar e acompanhar o historial das encomendas em linha. No entanto, o comércio eletrónico carece de interação humana para os clientes, especialmente os que preferem o consumo presencial. Quando o cliente se arrepende de ter comprado o produto, é necessário devolver a mercadoria e efetuar o reembolso. Este processo é inconveniente, uma vez que os clientes têm de embalar e enviar os produtos pelo correio. Se os produtos forem caros, grandes ou frágeis, há problemas de segurança.

11.5 IMPACTO SOCIAL

Juntamente com o cibercomércio e o seu encanto único, que foi surgindo gradualmente, a empresa virtual, o banco virtual, o marketing de rede, as compras em linha, o pagamento e a publicidade, este novo vocabulário, inédito, tornou-se agora familiar para as pessoas. Isto reflecte o enorme impacto que o comércio eletrónico tem na economia e na sociedade, por outro lado. Por exemplo, o B2B é uma atividade comercial em rápido crescimento no mundo, que conduz a uma redução dos custos e, consequentemente, melhora a eficiência económica e também o crescimento do emprego.

J O comércio eletrónico alterou a importância relativa do tempo, mas como pilar do indicador da situação económica do país, a importância do tempo não deve ser ignorada.

O cibercomércio oferece ao consumidor ou à empresa várias informações de que necessitam, transformando a informação numa transparência total, e as empresas já não podem utilizar o modo de espaço ou de publicidade para aumentar a sua vantagem competitiva. Além disso, em teoria, a concorrência perfeita entre a soberania do consumidor e a indústria maximizará o bem-estar social.

J De facto, no passado, durante a atividade económica, as grandes empresas beneficiavam frequentemente dos recursos de informação em detrimento dos consumidores. Atualmente, a informação transparente e em tempo real protege os direitos dos consumidores, porque estes podem utilizar a Internet para escolher a carteira de produtos em seu próprio benefício. A competitividade das empresas será muito mais evidente do que antes; consequentemente, o bem-estar social será melhorado pelo desenvolvimento do comércio eletrónico.

J A nova economia liderada pelo comércio eletrónico altera também o espírito humanista, mas sobretudo a lealdade dos trabalhadores. Devido à concorrência no mercado, o nível de profissionalismo dos trabalhadores torna-se crucial para as empresas num nicho de mercado. As empresas devem prestar atenção à forma como constroem a cultura interna da empresa e um conjunto de mecanismos interactivos, o que constitui o seu principal problema. Além disso, embora o modo de comércio eletrónico diminua o custo da informação e o custo das transacções, o seu desenvolvimento também torna os seres humanos demasiado informáticos. A ênfase numa atitude mais humanista em relação ao trabalho é outro projeto a desenvolver pelas empresas. A vida é a raiz de tudo e a tecnologia é apenas um instrumento de apoio à qualidade de vida.

J Os comerciantes em linha recolhem a atividade de compra e os interesses dos seus clientes. Esta informação está a ser utilizada pelos comerciantes em linha para promover produtos e serviços relevantes. Isto cria uma comodidade adicional para os compradores em linha.

J A mercadoria em linha é pesquisável, o que a torna mais acessível aos compradores. Muitos retalhistas em linha oferecem um mecanismo de avaliação, que ajuda os compradores a decidir sobre o produto a comprar.

Este é outro fator de conveniência e de melhoria da satisfação.

O comércio eletrónico não é uma nova indústria, tecnicamente falando, mas está a criar um novo modelo económico. A maioria das pessoas concorda que o cibercomércio terá um impacto positivo na sociedade económica no futuro, mas, na sua fase inicial, os seus impactos são difíceis de avaliar. Há quem diga que o comércio eletrónico é uma espécie de revolução incorpórea.

O cibercomércio tem numerosas vantagens sociais: em primeiro lugar, o custo de funcionamento de uma empresa de cibercomércio é muito baixo quando comparado com o de uma loja física; em segundo lugar, não é necessário pagar renda por instalações dispendiosas; e, em terceiro lugar, os processos empresariais são simplificados e são necessárias menos horas de trabalho para gerir uma empresa típica sem problemas. No domínio do direito, da educação, da cultura e também da política, o impacto do cibercomércio continuará a aumentar. O cibercomércio levará verdadeiramente os seres humanos para a sociedade da informação.

REFERÊNCIAS

1) "A Amazon será responsável por mais de metade do crescimento do e-Business em 2015, diz Macquarie". Market Watch.

2) "Atenção compradores: A Internet está aberta". The New York Times. 12 de agosto de 1994.

3) "Comissão Australiana da Concorrência e do Consumidor". Governo Federal da Austrália.

4) "Diretrizes do Tesouro australiano para o comércio eletrónico". Governo Federal da Austrália.

5) "Lidar com empresas em linha na Austrália". Governo federal australiano.

6) "Diane Wang: Reunindo os heróis "formiga"". Sino Foreign Management. Recuperado em 3 de setembro de 2011.

7) "O eBay adquire o PayPal". Investidor. eBay. Recuperado em 21 de dezembro de 2012.

8) "Economia em foco: O clique e os mortos". The Economist. 3-9 de julho de 2010. p. 78.

9) "Fazer cumprir as promessas de privacidade: Secção 5 da Lei FTC". Comissão Federal do Comércio.

10) "Os primeiros selos electrónicos estão a ser testados". Sunday Business. 6 de abril de 1998. Recuperado em 16 de julho de 2013.

11) "Groupon rejeita a oferta de US $ 6 bilhões do Google". MS- NBC. MSN. 3 de dezembro de 2010. Recuperado em 21 de dezembro de 2012.

12) "O IPO da Groupon é o maior da empresa da Web dos EUA desde o Google". Reuters. 4 de novembro de 2011. Arquivado do original em 13 de setembro de 2012. Recuperado em 13 de setembro de 2012.

13) "H.R. 6353: Lei de Proteção ao Consumidor de Farmácia Online de Ryan Haight de 2008". Govtrack.

14) "Como criar uma marca própria para um produto". Escuteiro da Selva.

15) "Mais compradores se juntam ao robusto mercado de comércio eletrônico do Brasil". eMarketer.

16) "Compras online: O reformado que foi pioneiro na revolução das compras em casa". BBC News. 16 de setembro de 2013.

17) "RPC, Lei da Assinatura Eletrónica". 28 de agosto de 2004.

18) "R.H. Donnelley adquire Business.com por $345M". Fio de nome de domínio. Recuperado em 4 de setembro de 2011.

19) "Tecnologia na Ásia - Conectando o ecossistema de startups da Ásia". www.techinasia.com. Recuperado em 2016-03-04.

20) "Regulamentação das telecomunicações da República Popular da China". 20 de setembro de 2000.

21) "O centro comercial eletrónico". GS Brown. 30 de abril de 2010. Recuperado em 17 de junho de 2013.

22) "Regulamentos relativos aos serviços de pagamento de 2009". REINO UNIDO: Legislation. Recuperado em 17 de junho de 2013.

23) "Tim Berners-Lee: WorldWideWeb, o primeiro cliente Web". W3. Recuperado em 21 de dezembro de 2012.

24) "Lei Modelo da UNCITRAL sobre Negócios Electrónicos (1996)". UNCITRAL. 12 de junho de 1996. Recuperado em 19 de agosto de 2014.

25) "Previsão do comércio eletrónico nos EUA: 2013 a 2018". Forrester Research.

26) "O que fazer se as coisas correrem mal na Austrália". Governo federal australiano.

27) (Gap Inc/The) (2013-07-10). "Click-to-Brick: Porque é que os retalhistas online querem lojas na vida real". Semana de negócios. Recuperado em 2014-05-30.

28) 1988 Palmer.C Using IT for competitive advantage at Thomson Holidays, Long range Planning Vol 21 No.6 p26-29, Institute of Strategic Studies Journal, London- Pergamon Press [agora Elsevier.B.V.] dezembro de 1988.

29) Abbott, ed. por Lewis F. (2003). Industry and enterprise : an international survey of modernization and development (2ª ed. rev.). Manchester: Industrial Systems Research. ISBN 0906321271.

30) Ahmed, Saqib Iqbal (27 de outubro de 2009). "GSI Business comprará a Convergência de Varejo por US $ 180 milhões". Reuters. Recuperado em 6 de abril de 2013.

31) Aldrich, Michael. "Encontrando a Sra. Snowball". Recuperado em 8 de março de 2012.

32) Amarger, editado por Winfried Lamersdorf, Volker Tschammer, Stéphane (27 de agosto de 2004). Building the E-service society: E-Business, E-business, and E-government. Nova Iorque: Kluwer Academic Publishers. ISBN 978-1 4020-8155-2.

33) Bakos, Y. (2001). The Emerging Landscape for Retail E-Business. Journal of Economic Perspectives, 15(1), pp. 69-80

34) BBC News (2014). "BBC - GCSE Bitesize: Dinheiro eletrônico e negócios eletrônicos". Recuperado em 2017-05-11.

35) Burgess, S; Sellitto, C; Karanasios, S (2009), Effective Web Presence Solutions for Small Businesses: Strategies and Successful Implementation, IGI Global

36) Chaudhury, Abijit; Kuilboer, Jean-Pierre (2002). e-Business and eBusiness Infrastructure. McGraw-Hill. ISBN 0-07-247875-6.

37) Child, J. (1969). The business enterprise in modern industrial society. Londres: Collier-Macmillan

38) Delone, W. H., & Mclean, E. R. (2004). Medição do sucesso do negócio

eletrónico: Aplicando o modelo de sucesso dos sistemas de informação de DeLone & McLean. International Journal of Electronic Business, 9(1), 31-47

39) Duryee, Tricia (2014-03-04). "Overstock atinge US $ 1 milhão em vendas de moeda virtual". Geekwire. Recuperado em 07/05/2014.

40) Eisingerich, Andreas B.; Kretschmer, Tobias (março de 2008). "In E Business, More is More". Harvard Business Review. **86**: 20-21.

41) Enright, Allison. "Os 500 maiores varejistas eletrônicos dos EUA - as vendas de comércio eletrônico dos EUA podem chegar a US $ 434 bilhões em 2017". Varejista da Internet. Recuperado em 2014-05-30.

42) Eurostat (18 de junho de 2013). "Contribuição do EBusiness na Europa" (infográfico). Recuperado em 18 de junho de 2013.

43) Fazlollahi, B. (2002). Estratégias para o sucesso do comércio eletrónico. Hershey, PA: IRM Press.

44) Frieden, Jonathan D.; Roche, Sean Patrick (19 de dezembro de 2006). "E Business: Questões jurídicas do retalhista em linha na Virgínia" (PDF). Jornal de Direito e Tecnologia de Richmond. **13** (2).

45) Geiger, Conrad. "Notícias da NeXT Nugget". next.68k.org. Conrad Geiger.

46) George Parker e Brooke Masters (16 de junho de 2010). "Osborne abole a FSA e impulsiona o Banco". Financial Times.

47) Gracie, Carrie (8 de setembro de 2014). "IPO do Alibaba: A China do presidente Ma - BBC News". BBC News. Recuperado em 13 de fevereiro de 2017.

48) Graham, Mark (2008). "Geografias distorcidas do desenvolvimento: The Internet and Theories of Economic Development" (PDF). Geography Compass. **2** (3): 771. doi:10.1111/j.1749-8198.2008.00093.x.

49) Hacon, Tom. "T-Business - O que o tablet pode fazer pelas marcas e seus consumidores". Governador Tecnologia. Recuperado em 2013-03-04.

50) Humeau, Philippe; Jung, Matthieu (21 de junho de 2013). Análise comparativa aprofundada de 12 soluções de comércio eletrónico (PDF).

51) Julian Huxley. "Webshop beginnen: não são necessários conhecimentos técnicos". Shoppagina. Recuperado em 17 de novembro de 2016.

52) Kessler, M (22 de dezembro de 2003), "More shoppers proceed to checkout online", USA today, consultado em 13 de janeiro de 2004.

53) Kevin, Kelly (agosto de 2005), "We Are the Web", Wired, **13** (8)

54) Khosrow-Pour, Mehdi. (2008). Comportamento do consumidor, desenvolvimento organizacional e comércio eletrónico: Emerging Issues for Advancing Modern Socioeconomies [Questões Emergentes para o Avanço da Socioeconomia Moderna]. Hershey, PA: IGI Publishing.

55) Kotler, Philip (2009). Gestão de Marketing. Pearson: Prentice-Hall. ISBN 978-81-317-1683-0.

56) Laudon, Kenneth C.; Guercio Traver, Carol (2014). E-Business. negócios. tecnologia. sociedade. 10ª edição. Pearson. ISBN 978-013-302444-9.

57) Laus, Petronela (8 de janeiro de 2014). "A Índia pondera o IDE no comércio eletrónico". The Wall Street Journal India.

58) Millward, Steven (18 de agosto de 2016). "Os gastos com eBusiness da Ásia atingirão o recorde de US $ 1 trilhão este ano - mas a maior parte disso é a China". Tecnologia na Ásia. Recuperado em 18 de agosto de 2016.

59) Munford, Monty (2016-08-26). "Como os aplicativos de bate-papo estão transformando a conversa global". BBC News. Recuperado em 2017-05-07.

60) Nissanoff, Daniel (2006). FutureShop: How the New Auction Culture Will Revolutionize the Way We Buy, Sell and Get the Things We Really Want (ed. de capa dura). The Penguin Press. ISBN 1-59420-077-7. 246 pp.

61) O'Brien, A. J. & Marakas, M. G. (2011). Management Information Systems. 10e. New York: NY

62) OCDE (1999), "Economic and Social Impact of EBusiness: Preliminary Findings and Research Agenda", OECD Digital Economy Papers, No.40. Publicações da OCDE

63) Olsen, Robert (18 de janeiro de 2010). "A migração da China para o comércio eletrónico". Forbes.

64) Power, Michael 'Mike' (19 de abril de 2013). "Os altos on-line são tão antigos quanto a rede: o primeiro negócio eletrônico foi um negócio de drogas". The Guardian. Londres. Recuperado em 17 de junho de 2013.

65) Qin, Z., Li, S., Chang, Y. e Li, F. (2014). Estratégia de negócios electrónicos. Berlim, Heidelberg: Springer Berlin Heidelberg.

66) Robinson, James (28 de outubro de 2010). "A indústria da Internet do Reino Unido vale 100 mil milhões de libras". The Guardian (relatório). Londres. Recuperado em 21 de dezembro de 2012.

67) Schafer, J. Ben; Konstan, Joseph A.; Riedl, John (2001-01-01). Kohavi, Ron; Provost, Foster, eds. Applications of Data Mining to Electronic Business. Springer US. pp. 115-153. doi:10.1007/978-1-4615-1627-9_6#page-1. ISBN 9781461356486.

68) Schniederjans, M. e Cao, Q. (2002). E-Business operations management. Singapura: World Scientific.

69) Seybold, Pat (2001). Clientes.com. Crown Business Books (Random House). ISBN 0-609-60772-3.

70) Steven Millward (17 de setembro de 2014). "Aqui estão todos os números imperdíveis no Alibaba antes do IPO recorde". Tecnologia na Ásia. Recuperado em 17 de setembro de 2014.

71) Zhu, K. (2004). The complementarity of information technology infrastructure and e-Business capability: A resource-based assessment of their business value. Journal of Management Information Systems, 21(1), 167-202

FSC
www.fsc.org
MIX
Papier aus verantwortungsvollen Quellen
Paper from responsible sources
FSC® C105338

Printed by Books on Demand GmbH, Norderstedt / Germany